ABRÉGÉ
DE
LA GRAMMAIRE
DE
SAINT AUGUSTIN

COLLECTION DES UNIVERSITÉS DE FRANCE
publiée sous le patronage de l'ASSOCIATION GUILLAUME BUDÉ

ABRÉGÉ DE LA GRAMMAIRE DE SAINT AUGUSTIN

TEXTE ÉTABLI, INTRODUIT ET COMMENTÉ
PAR
GUILLAUME BONNET
TRADUIT
PAR
EMMANUEL BERMON et GUILLAUME BONNET
Professeur à l'Université de Bordeaux 3 *Professeur à l'Université de Bourgogne*

PARIS
LES BELLES LETTRES
2013

Conformément aux statuts de l'Association Guillaume Budé, ce volume a été soumis à l'approbation de la commission technique, qui a chargé M. Alessandro Garcea d'en faire la révision et d'en surveiller la correction en collaboration avec M. Guillaume Bonnet.

95 boulevard Raspail, 75006 Paris
www.lesbelleslettres.com

ISBN : 978-2-251-01465-4
ISSN : 0184-7155

INTRODUCTION

1. Original et réduction

1.1. *Quel auteur originel ?*

N'était la qualité de l'attributaire, il y aurait de la mauvaise grâce à refuser à saint Augustin la paternité que lui donnent unanimement les manuscrits qui ont conservé l'*Ars breuiata*, paternité qui trouve par ailleurs des points d'appui recommandables dans le témoignage de Cassiodore (cf. plus loin), mais aussi, directement, dans les déclarations de l'Augustin vieillissant des *Retractationes*. Il s'y exprime en effet ainsi (I 6) :

> *Per idem tempus quo Mediolani fui baptismum percepturus, etiam disciplinarum libros conatus sum scribere, interrogans eos qui mecum erant atque ab huius modi studiis non abhorrebant, per corporalia cupiens ad incorporalia quibusdam quasi passibus certis uel peruenire uel ducere. Sed earum solum de grammatica librum absoluere potui quem postea de armario nostro perdidi, et de musica sex uolumina quantum adtinet ad eandem partem quae rythmus uocatur...*

L'attention continue portée au langage par le jeune professeur, puis par l'évêque et polémiste, est connue ; elle affleure dans nombre de passages de son abondante production écrite, et n'a cessé de susciter l'intérêt des chercheurs, qu'ils soient patristiciens, philosophes ou grammairiens[1].

1. Depuis l'article de G. Bellissima, « Sant' Agostino grammatico », paru dans le fondateur *Augustinus magister* I, Paris, 1954, 35-52, la bibliographie est aussi éparse qu'abondante ; mentionnons ainsi

Dès les débuts de la tradition imprimée de saint Augustin a figuré parmi ses œuvres un traité grammatical, qui lui est attribué par sept des huit témoins manuscrits que nous en avons encore : il s'agit des *Regulae*, récemment rééditées[1]. Les soupçons en raison desquels les pères mauristes, lors de leur travail d'édition systématique des œuvres d'Augustin, entreprise en 1679, placèrent ce texte dans les apocryphes – forme non dialoguée, absence d'une visée supérieure, indignité du sujet par rapport à l'envergure intellectuelle d'Augustin[2] – ont perduré jusqu'à nos jours.

La question de l'existence d'un texte proprement grammatical attribuable à Augustin ressurgit toutefois un siècle plus tard, avec la découverte par le patristicien Faustino Arévalo d'un manuscrit de la bibliothèque apostolique du Vatican, Pal. lat. 1746, dont la première page, palimpseste, accueillait le sommaire du manuscrit, s'ouvrant avec la mention d'*artes sancti Augustini*[3]. Le titre original du premier texte, qui pouvait donc fort bien correspondre à la fameuse grammaire d'Augustin, avait été rendu malheureusement presque illisible par le grattage, mais quelques années plus tard, le cardinal Mai fit le rapport avec le catalogue de l'abbaye Saint-Nazaire

Jean Collart, « Saint Augustin grammairien dans le *De Magistro* », *in REAug*. 17, 1971, 279-292, Alessandro Garcea, « Prière et fonction du silence. Quelques considérations autour du *De Magistro* de saint Augustin », in Jean-François Cottier (éd.), *La prière en latin. De l'Antiquité au* XVIe *siècle*, Turnhout, Brepols, 2007, p. 153-172, ou Emmanuel Bermon, *La signification et l'enseignement*, Paris, 2008.

1. Ps. Aurelii Augustini *Regulae*. Introduzione, testo critico, traduzione e commento a cura di Luca Martorelli (Bibliotheca Weidmanniana VI : Collectanea Grammatica Latina 7), Hildesheim, 2011, CXV-348 p. (ci-après Martorelli 2011), qui remplace l'édition de Keil, au t. V, 1868, des *Grammatici Latini*, p. 496-524. La première édition d'Augustin où figurent les *Regulae* date de 1491 (Martorelli 2011 : XLII).

2. Les deux premiers reproches sont issus de la confrontation avec le texte des *Retractationes* cité plus haut. Sur la réception des *Regulae*, on se reportera en général à Martorelli 2011 : LXXIII *sqq*.

3. F. Arévalo (ed.), *Sancti Isidori Hispalensis Opera omnia*, Rome, 1813, II, p. 370.

de Lorsch, qui mentionnait une *Ars grammatica sancti Augustini adbreuiata*[1]. Retournant alors au manuscrit palatin, le cardinal y vit le texte évoqué par les *Retractationes*, et crut pouvoir, après de difficiles efforts de lecture du texte inférieur, reconstituer du titre les mots *Ars Augustini ad Petrum Mediolanensem*, qui s'adaptaient bien aux indications données par Augustin. De la sorte, quand il publia le texte, en 1852, sous le titre *Ars sancti Augustini episcopi ad Petrum Mediolanensem*, il ne douta point d'avoir retrouvé la fameuse grammaire perdue par Augustin.

La déception fut rapide. L'opinion du cardinal était certes partagée par le français Emmanuel Miller qui, dans le compte rendu de la Nouvelle patristique de Mai pour le *Journal des savants* de l'année 1853, avait admis l'authenticité de la grammaire en même temps que, grâce au manuscrit de la Bibliothèque nationale Lat. 7520, où il signalait une nouvelle copie, précédée d'un titre plus probable – avec le terme *breuiata* ! –, il remettait implicitement en cause la réalité d'une mention originelle de Pierre de Milan. Dès 1857, dans son édition du *De Dialectica*, W. Crecelius émettait l'idée qu'il s'agissait plutôt d'une version abrégée, et il imputait l'abrègement précisément à Cassiodore, qui dit, dans l'introduction aux *Institutiones saecularium litterarum*, être tombé sur une brève grammaire d'Augustin – nous y reviendrons plus loin. Le repérage quasi simultané d'une troisième copie manuscrite, conservée à Bruxelles, et dont l'apographe devait arriver dans les mains de Karl-Friedrich Weber, dissipait décidément le fantôme du destinataire milanais, et confortait l'hypothèse de Crecelius. En 1861, dans la nouvelle édition qu'il crut donc opportun de produire, Weber reprenait l'idée d'un abrégé, qu'il situait toutefois en amont de Cassiodore, lequel, selon lui, avait reçu et décrivait le texte dans l'état où nous l'avons. Keil, qui reprit le texte des

1. Card. A. Mai, *Spicilegium Romanum,* Rome, 1839, V, p. 191 (catalogue de Lorsch XLVII, 27).

Regulae au tome VII des *Grammatici Latini* (1868, p. 496-524), les fit précéder d'extraits de l'édition Weber, corrigée à l'occasion (p. 494-496)[1]. Il admettait (p. 491), sur la foi des manuscrits, la paternité du fond, abrégé diversement dans les deux œuvres, mais concluait surtout au médiocre intérêt de l'ensemble. Cette conclusion était adoptée par H.-I. Marrou[2] qui voyait, dans la platitude du résumé, la preuve de « l'échec de la tentative de culture philosophique » qui avait présidé à la composition par Augustin d'un ouvrage grammatical...

Tel est l'arrière-plan sur lequel il convient d'apprécier la mise au point de Vivien Law, parue dans les *Recherches augustiniennes* 19, 1984, 155-183[3]. Le regard de spécialiste de la grammaire porté par Vivien Law sur le texte eut le premier mérite d'anéantir l'idée que les *Regulae* et l'*Ars breuiata* provenaient de la même source. La savante pointait au contraire deux traditions artigraphiques différentes, et irréductibles sur certains points, comme par exemple sur le statut des conjonctions. Les *Regulae* présentent au total de nettes affinités avec le Pseudo-Palémon, tandis notre *Ars* évoque, plus lâchement, la doctrine des *artes* brèves, comme celles de Donat. V. Law poursuivait en relevant des idées grammaticales significatives formulées par Augustin – ancien professeur, rappelons-le – dans les œuvres dûment attribuées, et qu'on pût comparer avec ce qu'offrent les deux traités. Elle en trouvait six présentant des similitudes de forme et/ou de contenu avec des passages précis de l'*Ars breuiata* : nous y reviendrons. Ces éléments lui semblaient suffisamment concluants pour permettre d'envisager un même auteur pour l'*Ars breuiata* et les

1. Les extraits sélectionnés par Keil ont été repris par Maria Bettetini dans *Agostino. Il maestro e la parola. Il maestro. La dialettica. La retorica. La grammatica*, Bompiani, 2004, p. 270-277.

2. Dans une annexe au *Saint Augustin et la fin de la culture antique* (Paris, 1958), p. 576 *sqq*.

3. Pizzani 1985, presque contemporain, arrive aux mêmes conclusions, bien qu'avec des modalités différentes. On nous pardonnera de renvoyer ici à la seule première étude, dans le souci de ne pas compliquer la présentation historiographique.

différents points de comparaisons effectivement attribuables à Augustin, et renvoyer les *Regulae* à un auteur différent et anonyme. La fin de l'étude était consacrée à deux objections de Marrou, reprises dans le fond aux Mauristes, et qu'elle rejetait comme non dirimantes, avant de conclure que cette grammaire, finalement mieux documentée que bien d'autres, pouvait être légitimement attribuée à saint Augustin[1]. La nouvelle édition que nous proposons ici est l'occasion d'apporter au débat des éléments qui sont, nous le pensons, de nature à faire pencher davantage encore la balance du côté de l'attribution à Augustin du texte initial.

Commençons par l'examen des caractéristiques générales de l'ouvrage. Que celui-ci ait été destiné à un lectorat africain, c'est ce que montrent plusieurs indices : le plus frappant est le choix d'un mot punique non littéraire[2] (§ 102) comme exemple de *barbarolexis* – nous dirions xénisme, et le texte parle simplement de *barbarum*. Plus indirectement, l'illustration de *super* + substantif grâce à *super arborem saliunt* (§ 96) évoque les chèvres d'Afrique du nord perchées sur les arganiers dont elles sont friandes des feuilles ; de même, l'exemple des « teinturiers » du § 14 semble une allusion à une réalité connue des lecteurs africains : l'activité tinctoriale, qui semble bien avoir été assez développée sur les côtes africaines,

1. Exactement : « We need not feel embarassed at attributing this work to so great a thinker as Augustine. »

2. Pizzani (1983 : 899, n. 12) remarque que l'on attendrait plutôt, instruit par la lecture de Donat, par exemple (*Mai.* 653, 4 H : trois exemples virgiliens, un cicéronien, au témoignage de Quintilien), un mot certes étranger – et le choix de la langue peut être significatif – mais au moins attesté dans le corpus littéraire que les élèves fréquentent. Sur l'emploi de la langue punique par Augustin, on pourra consulter W. M. Green, « Augustine's use of Punic », *in Univ. Calif. Stud. in Sem. Philol.* 11, 1951, p. 179-190 ; F. Vattioni, « Sant'Agostino e la civiltà punica », *in Augustinianum* 8, 1968, p. 434-467, et « Glosse puniche », *in Augustinianum* 16, 1976, p. 505-555 ; M. G. Cox, « Augustine, Jerome, Tyconius and the *lingua Punica* », *in Studia Orientalia* 64, 1988, p. 83-105 ; et plus récemment J. N. Adams, *Bilingualism and the Latin Language*, Cambridge, 2003, p. 237-240.

à en juger par certains témoignages[1]. Enfin, les trois évêques du § 7 font songer au grand nombre d'évêques qui caractérisait la chrétienté africaine[2].

Ce même développement (§ 7), en associant le mot *episcopis* et une exégèse de 1 Cor. 13, 13, garantit la religion chrétienne de l'auteur comme de ses destinataires. Sont aussi à rattacher à une ambiance chrétienne partagée le choix des adjectifs *uerus* et *justus* (§ 20 et 87), ou celui de *sanctius* et *castus* (§ 85), et peut-être enfin, plus allusivement, l'expression *propter salutem* (§ 94) où il est tentant de percevoir, dans le choix du régime de la préposition, la volonté de faire allusion au texte du *Credo* de Nicée (325)-Constantinople (381)[3].

Il convient en outre de remarquer avec Law (1984 : 175-176) que l'auteur de la grammaire ici réduite est, comme Augustin, un bon connaisseur de l'héritage littéraire : il cite Cicéron sous son nom « classique » *Tullius* (§ 46 et 88 – mais *Cicero* au § 4), ce que l'évêque fait aussi à l'occasion, et tout comme l'auteur du *De Dialectica*, il le donne en exemple (§ 10, et 11 pour le féminin *Tullia*, qui est, après tout, le nom de la fille tant aimée de Cicéron). Ce même grammairien vit encore dans un temps où les auteurs classiques étaient *in manibus*

1. Cf. Pline l'Ancien, *H.N.* IX 60, Solin, 26, 1 ou la *Notitia Dignitatum* qui y affecte deux *Procuratores* (*Occ.* XI 69 et 70) : *bafiorum* [de βαφεῖον] *omnium per Africam*, et spécialement – eu égard sans doute à la qualité des produits signalée par Pline, *loc. cit.* : *Tyri praecipuus hic Asiae, in Meninge* (= Meninx, sur l'île de Djerba) *Africae – bafii Girbitani prouinciae Tripolitanae*. Voir aussi Hédi Slim, Pol Trousset *et alii*, *Le littoral de la Tunisie. Etude géoarchéologique et historique*, CNRS, 2004, p. 99-100 et 279, ainsi que pl. 20.

2. On se reportera à la liste impressionnante des évêques catholiques de la fin du ve siècle donnée par la *Notitia prouinciarum et ciuitatum Africae* associée au témoignage de Victor de Vita (cf. édition Lancel, CUF 2002, p. 223 *sqq.*).

3. Sous la réserve notable que nous ignorons quand précisément a circulé une traduction latine « officielle » du texte original grec – en l'occurrence de l'expression διὰ τὴν ἡμετέραν σωτηρίαν, fixée en *propter nostram salutem*.

et in ore omnium (§ 39). Quant à ses lecteurs, ils sont assurément traités comme des écoliers – en témoignent le choix du verbe conjugué : *scribo* (§ 55-67, 87, 89), les exemples *scrinium* (§ 12), *doctus* (§ 85), *cultus* et *sapiens* (§ 88), ou encore l'allusion aux insuffisants *magistri* (§ 26). Cependant, ce public est susceptible de s'intéresser à des variantes scripturaires, et conséquemment, au travail de copie des *codices* (§ 7), et on ne cherche pas à lui cacher certaines ambiguïtés linguistiques (§ 39, 85, 88). Il s'agit donc d'adultes.

Le traité, du moins tel que la réduction nous permet de l'appréhender, trahit un milieu chrétien invitant aux allusions africaines, mais aussi un maître cultivé et des lecteurs qui n'ont pas avec lui la différence de maturité des enfants avec leur maître. Approchons-nous encore. Vivien Law avait relevé, on l'a dit, six points de convergence entre les idées grammaticales d'Augustin, exprimées dans des œuvres dûment attribuées, et ce que propose notre texte :

– La récurrence de la définition du pronom (§ 22) dans le *De Magistro* V 13 – cf. notre note 22.1.

– Le jugement (§ 80) sur la sonorité grasse (*crassus*) des formes « longues » de parfait, par opposition aux formes « courtes » ou syncopées, du type *clamaram*, remarque qui se retrouve dans le *De Dialectica* VI : cf. notre note 80.2.

– La remarque (§ 85), inconnue de la grammaire traditionnelle, sur l'ambiguïté du comparatif en *-ius*, adjectif (= *nomen*) neutre ou adverbe, ce qui figure dans le même traité *De Dialectica* X : cf. notre note 85.1.

– La définition très classique de l'interjection (§ 97), qui adopte une formulation très proche (*motum animi... exprimens*) de celle figurant dans le *De Sermone Domini in monte* 1 9, 23 (*animi motum exprimentem*) : cf. notre note 97.2.

– L'exemple de solécisme *inter hominibus* (§ 98), qui se lit aussi dans le *De Doctrina Christiana* II 13 : cf. notre note 98.2.

– L'absence d'aspiration initiale dans *homo* (§ 100), laquelle est invoquée aussi dans les *Confessions* I 18, 29 : cf. notre note 100.2.

Il est difficile, pensait Vivien Law, d'imputer au hasard une telle série de coïncidences d'idées comme d'expressions, et elle concluait à l'identité d'auteur, donc à l'attribution à Augustin du fond de l'*Ars breuiata*.

On pourra ajouter à ce constat d'autres similitudes significatives, que ce soit pour les idées ou dans l'expression. Le classement des pronoms selon leur capacité déictique (§ 23) signale que les *finita* (*ego*, *tu*, *hic*, *iste*) équivalent à un signe du doigt, et ne se contentent pas d'en appeler un, doctrine qui est affirmée par Augustin dans le sermon *De Fide et symbolo* (X 23), avec d'ailleurs une formulation proche : *quasi digitum intendit* pour *quasi digito demonstretur* ici. La présence d'un néologisme a sans doute été sous-estimée par V. Law (1984 : 174), quand elle remarquait que les formes *essens* et *essendum/i/o* apparaissaient dans la grammaire (§ 76) bien avant Boèce, chez qui le gérondif au génitif semble naturel. Il faut ajouter surtout qu'Augustin emploie à plusieurs reprises le participe et le gérondif *essendi* (références dans notre note 76.1) dans des ouvrages dont certains furent commencés, comme le *De Moribus Manichaeorum*, avant son retour en Afrique ! Le développement grammatical, tel que nous le lisons, pourrait ainsi se présenter comme la défense d'un néologisme auquel la réflexion du théologien devait prêter une grande importance. Autre trait de vocabulaire commun avec la langue de l'évêque d'Hippone, le statut adjectival d'*armatus* est défendu par le grammairien (§ 88) qui invoque à l'appui un *armatissimus* de Cicéron ; or, Augustin n'hésitera pas à employer *armatior* dans une lettre (73, 10) : cf. notre note 88.3. Si l'on sait, enfin, qu'Augustin écrivit vers 391 un *Contra Manichaeos de duabus animabus* dont le titre met en pratique de manière redondante (il y a déjà *duabus* !) l'ablatif féminin différencié en *-abus* décrit au § 20, le terme *infector* « teinturier », proposé dans la grammaire (§ 14) assez curieusement comme l'exemple de mot commun pour le masculin et le neutre (sic ! sc. *mancipium* ?), n'est attesté autrement qu'au masculin qu'une seule fois, à notre connaissance, dans le latin documenté pour nous, sous la forme d'un féminin *infectri-*

cem, repris de Julien d'Eclane dans la réfutation inachevée (II 105, 45-46) de ses allégations qu'entreprit... Augustin, justement (cf. notre note 14.1.). Pour rester avec ce traité, tard venu dans l'œuvre d'Augustin, notons qu'il offre aussi (VI 5, 4) une occurrence de l'adverbe plutôt rare *granditer*, qu'on trouve dans notre § 84 (cf. note 84.1)...

L'ensemble de ces éléments, intellectuels comme idiolectaux[1], concorde avec l'idée, supportée par les caractéristiques générales, d'une rédaction première effectivement de la main d'Augustin. Que celle-ci soit à dater de la période où Augustin, catéchumène, vivait avec quelques amis à Cassiciacum, c'est ce qu'indique le texte des *Retractationes* lui-même. Les indices amassés ici ne s'y opposent pas, et l'on peut constater que les correspondances pointent plus souvent des ouvrages de la jeunesse (*Contra Manichaeos de duabus animabus, De Dialectica*, *De Moribus Manichaeorum*, *De Sermone Domini in monte*) que ceux de la fin de la vie d'Augustin, ce qui serait normal quand ces correspondances s'appuient sur une pratique langagière sujette à évoluer avec le temps. Restent les reproches que formulaient les Mauristes, quand ils rapprochaient le texte des *Retractationes*, à savoir que la grammaire ne se présente pas sous la forme d'un dialogue – *interrogans eos qui mecum erant atque ab huius modi studiis non abhorrebant* –, et qu'elle ne recèle aucune trace d'une élévation au-delà des considérations traitées – *per corporalia cupiens ad incorporalia quibusdam quasi passibus certis uel peruenire uel ducere*.

A supposer que la phrase des *Retractationes* impose d'attendre la forme dialoguée qu'offre d'ailleurs le *De Musica*, il convient de noter que la réduction secondaire du texte

1. On pourrait aussi songer à l'affirmation qu'*homo* est du genre *commune*, ce qui rejoint tel emploi augustinien (*Ciu. Dei* III 3 : cf. notre note 5.2). Plus largement, l'association de mots *diligentius considerare* (§ 28) se lit à deux reprises dans le *De Magistro* (VII 20 et X 33), une œuvre dont la forme peut nous évoquer l'état premier de la grammaire. L'importance des détails de langue est d'autant plus grande que la réduction ultérieure du texte ne nous permet guère de considérer des éléments plus développés.

peut avoir effacé cette présentation[1]. Marrou lui-même le remarquait, qui disposait en regard (1958 : 573-574), à titre de comparaison, des fragments d'un *Epitome artis metricae*, également retrouvé par le cardinal Mai – cette fois dans le manuscrit ligérien Vat. lat. 4929 – , et les passages correspondants tirés des cinq premiers livres du *De Musica*. La réduction du dialogue est effectivement imaginable pour tous les éléments de déclinaison. Sans y songer, V. Law nous en propose d'ailleurs un modèle quand elle compare (1984 : 177) le texte de notre § 1 avec la version très proche, mais dialoguée – décomposée, si l'on veut, en séquences de questions / réponses – qu'offre la grammaire d'Audax (cf. notre note 1.2). S'inspirant manifestement d'un exposé qu'il est possible de faire remonter en définitive à Scaurus, Augustin peut avoir gardé la forme catéchétique, ensuite supprimée. Ailleurs, selon des modalités variables, mais toutes attestées dans d'autres grammaires, on pourrait reconstituer la forme dialoguée. Pour la déclinaison des noms (§ 10-15) et pronoms (§ 27-46) et la conjugaison des verbes (§ 55-60, 62-67, etc.), nous retrouvons ici presque littéralement les formules d'introduction des paradigmes figurant dans l'*Ars minor* de Donat, qui est entièrement dialogué, (cf. notre note 10.1). En ce qui concerne les caractéristiques définitoires des parties du discours – les *accidentia* –, le maître pouvait demander (cf. § 6) : « *numeri quot sunt ?* », etc. ; et les *Partitiones* de Priscien nous fournissent un exemple de questionnement plus varié, qu'on pourrait imaginer à l'occasion : « *Da nomen masculinum et dic quomodo declinetur ?* » pour notre § 10, « Ego *quid est ?* » (§ 27), « *Quomodo declinantur uerba ?* » (§ 55-60), etc. L'affleurement fréquent du locuteur au moyen des formes verbales de première (§ 7, 24 : *dico* ; *dicimus enim* : § 5, 35, 39, 48, 53, 69, 93) et deuxième (§ 88, 98) personnes va enfin dans le sens d'un dialogue entre le maître,

1. Vivien Law (1984 : 179-180) évoque rapidement la possibilité d'une suppression de la forme dialoguée, mais surtout, ne croit pas qu'elle ait été utilisée dans le texte original. Même doute chez Martorelli (2011 : LXXIV, note 55).

Augustin, et un élève fictif servant de plastron pour présenter l'exposé.

La forme catéchétique, gourmande de place et peu compatible avec une entreprise de reformatage du texte, a fort bien pu disparaître lors de la reprise de la grammaire pour l'abréger. Quant à la « réduction à la philosophie », Marrou faisait le triste constat de son absence ou de son élimination, et concluait, désabusé, que, « Pour une fois que les deux traités d'Augustin, le *de Grammatica* et le *de Metrica*, ont trouvé des lecteurs, ceux-ci n'ont été que des cuistres ». De fait, il faut bien reconnaître que la grammaire élémentaire fournit *a priori* difficilement le prétexte à une exposition s'élevant de sujets triviaux à des considérations plus hautes ; difficilement, si l'on ne suppose pas une progression linéaire.

Le *De Musica* réserve pour son sixième et dernier livre cette élévation de la réflexion au-delà des considérations techniques sur le rythme ; elle peut nous servir de modèle pour chercher cette « réduction à la philosophie » supposément absente du texte[1]. Si l'on regarde, en effet, la structure de l'*Ars breuiata*, on constate qu'elle se conclut sur des chapitres hétérogènes avec ce qui précède. En effet, après la définition de la *Latinitas* et l'examen des parties du discours, figurent trois développements autonomes, que rien ne laissait attendre : un *De Soloecismo*, un *De Barbarismo* et, livrée sans commentaire, une série acéphale de syntagmes impliquant tour à tour les différents cas dans le rôle de régime de verbes ou d'adjectifs (et d'un participe), et qui constitue finalement une collection assez structurée, sinon fournie, d'*idiomata casuum*.

Le statut de ces différents développements, connus ailleurs dans la tradition grammaticale, n'est pas le même. Les deux premiers forment un ensemble moins anodin qu'il y paraît de prime abord. Solécismes et barbarismes relèvent en effet classiquement de la « troisième partie » des manuels, qui traite de

1. L'idée en est venue à Ubaldo Pizzani (1983 : 898, note 7).

la pathologie du discours et des spécificités de son appropriation littéraire[1]. Le plus fameux des manuels scolaires latins, l'*Ars maior* de Donat, présente ainsi successivement, après les éléments du discours articulé (livre I) puis les parties du discours (livre II), les « vices » et les « vertus du discours », savoir le barbarisme, le solécisme, les autres défauts, les métaplasmes (écarts formels sanctionnés par l'usage poétique), les *schemata lexeos* (écarts syntaxiques constatés chez les poètes) et les tropes (figures du détournement de sens).

Si, comme l'ont montré M. Baratin et Fr. Desbordes, le mode de présentation est variable d'un grammairien à l'autre, il est relativement peu courant que le solécisme soit présenté avant le barbarisme, comme ici[2]. En effet, selon la vision analogique – qu'on pourrait qualifier de « naturaliste » – affectionnée par la grammaire antique, les fautes de forme priment sur les fautes syntaxiques, tout comme les sons viennent avant les lettres, les lettres avant les syllabes, puis les syllabes avant les mots. Or, ce qui préoccupe ici le rédacteur, c'est bien d'abord la *combinaison orientée*, visant un sens. S'ordonnent successivement, en une sorte de dégradé, trois types de combinaison fautive, les solécismes, les impropriétés, les mots mal produits, soit en fait trois genres différents d'inadéquation dans la production du langage : une association inadéquate au niveau syntaxique (le solécisme), puis au niveau référentiel (l'impropriété), et enfin au niveau sensible de la réalisation sonore du prototype lexical (le barbarisme).

1. L'expression de « troisième partie » des manuels remonte à la composition même de l'*Ars maior* de Donat, qui réserve un premier livre aux éléments constitutifs du langage (lettres, syllabes, etc.) et le deuxième aux parties du discours. Sur la variété des développements sur les *uitia et uirtutes orationis*, on se reportera à Marc Baratin et Françoise Desbordes, « La "troisième partie" de l'*Ars grammatica* », *in HL*, 13/2-3, p. 215-240. Sur Donat, cf. Louis Holtz, *Donat et la tradition...*, p. 69-74 et 136-162.

2. Cette inversion a été relevée par V. Law (1984 : 178, n. 89), qui signale qu'on la trouve aussi, « significantly », dans le *De Doctrina Christiana* II 13.

Un quatrième élément, le mot barbare, vient conférer une symétrie à l'exposé, procédé puissamment pédagogique, mais qui relève en fait ici du trompe-l'œil. En effet, ce quatrième élément est doublement étranger au *continuum* notionnel qu'il suit, puisqu'il nous sort de la sphère close d'une langue donnée (le punique n'est pas du latin), et qu'il ne constitue pas une faute, à la différence des trois autres éléments. Quoi qu'il en soit, l'exposé est cependant ainsi parfaitement équilibré, et même ordonné, comble de raffinement, en deux paires de *differentiae*, solécisme et impropriété d'une part, barbarisme et mot barbare d'autre part, qui permettent d'en mieux assimiler la subtilité.

L'inversion de la présentation usuelle des solécisme et barbarisme constitue, dans le résumé que nous avons, le seul indice de ce qui semble bien une approche du langage compris comme une combinatoire à la recherche d'une adéquation avec ce qui est à exprimer. Cette réflexion dépasse assurément le cadre d'une grammaire scolaire, et nos efforts de reconstruction montrent combien son intelligibilité ne pouvait se satisfaire d'une exposition aussi implicite que celle des cinq paragraphes que nous avons. Il semble bien que nous lisons ici les restes – entendons ce qui a été jugé techniquement réutilisable dans une récriture strictement grammaticale – d'une rédaction plus développée, ambitieuse, calculée et très originale[1], qui ne prenait pas en compte, pour autant que nous le sachions, les autres développements classiques sur les métaplasmes, *schemata* et tropes, au sujet desquels nous n'avons pas ici d'indice que la réflexion de la grammaire se soit développée plus loin – sinon plus profondément – que les paragraphes parvenus jusqu'à nous. Voilà, croyons-nous, la

1. Il n'est que de voir comment Donat, pourtant soucieux d'une présentation pédagogique, introduit les éléments pour mesurer combien nous nous écartons ici de la tradition grammaticale : dans l'*Ars maior*, l'impropriété, ou *acyrologia*, est le premier des « autres défauts » (chap. 3 ; 658,8-10 H), et le mot barbare, signalé au début du *De Barbarismo* (653,3 H) est renvoyé à une autre sphère, celle de la langue étrangère, *a priori* hors du champ du grammairien.

« réduction à la philosophie » qu'Augustin déclare avoir visée, quand il souhaitait passer des *corporalia* – nous comprenons la forme sensible des *partes orationis* – aux *incorporalia*, soit l'adéquation de la combinatoire du langage à ce qu'il doit ou peut exprimer[1].

Notre analyse confirme donc l'attribution à Augustin du manuel grammatical originel, pour le fond que laisse apercevoir son résumé ici édité. Cet ouvrage pouvait fort bien se présenter sous une forme dialoguée, depuis réduite, et la teneur de ce qui en constitue les derniers développements (§ 98-102) confirme une volonté de hausser l'exposé à des réflexions plus ambitieuses sur la nature, le fonctionnement – et les limites ? – du langage. Si l'on tient le *De Musica* comme une illustration satisfaisante, sous sa forme actuelle, du projet de Cassiciacum en ce qui concerne la musique, rien n'interdit de recevoir l'*Ars breuiata* pour la réduction d'une semblable entreprise conduite dans le domaine de la langue. Quant à sa perte avouée par Augustin dans les *Retractationes* – *de armario nostro perdidi* –, elle ne constitue pas un obstacle infranchissable. Son examen de conscience littéraire signale des ouvrages, ou fragments d'ouvrages, qu'il a cru ou croit perdus (cf. I 2 sur le *De Vita beata*, ou I 27 sur le *De Mendacio*), si bien que le constat de perte ne signifie pas une disparition irrémédiable, quand d'autres ouvrages ont été récupérés (Le *De Mendacio*), ou circulent entre d'autres mains (le début du *De Dialectica*, selon I 6). Il n'est pas même assuré que la perte doive être située en Italie, avant donc le retour d'Augustin en Afrique et, pour tout dire, la constitution de la communauté presbytérale qui pourrait, autant que le cénacle d'amis de Cassiciacum, justifier le terme de *fratres* qu'on lit dans le titre.

1. Vivien Law (1984 : 182) ne pense pas que le contenu même de chacun des livres projetés par Augustin à cette période dût conduire des *corporalia* aux *incorporalia*, qu'elle suppose plutôt comme étant le résultat d'un apprentissage fondé sur l'ensemble des arts libéraux, les *corporalia*.

1.2. *Date de l'abrègement – titre*

Le texte paraît bien être documenté en amont des trois manuscrits carolingiens, puisque Cassiodore mentionne, dans les *Institutiones diuinarum et saecularium litterarum*, II 1, 1 Mynors, un ouvrage qui a toute chance d'être le nôtre :

Sed et sanctum Augustinum propter simplicitatem fratrum breuiter instruendam aliqua de eodem titulo scripsisse repperimus ; quae uobis lectitanda reliquimus, ne quid rudibus deesse uideatur, qui ad tantae scientiae culmina praeparantur.

On ne peut tirer de ce passage la conclusion qu'il s'agit d'une grammaire déjà abrégée (*breuiata*)[1] ; tout au plus y apprenons-nous qu'il s'agit d'un texte court (*breuiter... scripsisse*). Une grammaire attribuée à Augustin est donc repérée au VIe siècle, perçue comme ayant une forme courte et la destination de dégrossir des *fratres*. D'où ces renseignements sur l'auteur et l'œuvre (*de eodem titulo* renvoie objectivement au sujet, la grammaire, évoqué plus haut à propos des modèles choisis, essentiellement Donat) sont-ils tirés ? Du titre qui serait conservé jusqu'à nous ? Vivien Law (1984 : 179) remarque que si le titre avait été inspiré par la remarque de Cassiodore, il aurait intégré le terme *simplicitas*, au lieu du *mediocritas* qu'on y lit. Soit, mais il faut aussi noter que Cassiodore est plus loquace que le titre de la tradition manuscrite, qui ignore *instruendam*, et qu'il fait allusion en particulier à l'acte d'écrire (*scripsisse*). La précision bien inutile qu'Augustin a *écrit* le texte laisse penser que Cassiodore reprend les termes mêmes[2],

1. Sur la réalité de l'abrègement, cf. *infra*.

2. On lit, d'Augustin (*Quaest. in Matth.* IX 17), une formule très proche de celle de Cassiodore : *haec sunt dicta propter imperitiam fratrum qui...* Pizzani (1983 : 898 et, différemment, 1987 : 352) considère que l'écart entre l'intention affichée dans les *Retractationes* et ce que déclare Cassiodore est un argument pour admettre que la réduction du traité est antérieure à son arrivée à Vivarium. Mais il se peut fort bien que Cassiodore n'ait voulu signaler que ce qui l'intéressait à ce moment, soit le contenu grammatical. Et tout bien considéré, cette mention du traité d'Augustin, largement redondant pour son contenu avec Donat, déjà donné par Cassiodore comme référence, ne constituerait-elle pas

non du titre, mais plutôt de la (courte ?) préface introduisant le projet et les destinataires de l'œuvre – qui devait être intitulée *De Grammatica*, comme semble l'indiquer l'expression *de eodem titulo*. Si l'on accepte cette supposition, il faut admettre d'une part que le texte, qui comprenait donc une introduction, a été abrégé *après* Cassiodore, et d'autre part que le titre transmis par la tradition, postérieur à Cassiodore, émanait de l'abréviateur, probablement, lequel avait repris – et c'est là le point de contact avec Cassiodore – des éléments de la préface qu'il allait supprimer. Nous verrions un indice à l'appui de notre hypothèse dans l'expression *pro mediocritate* (et non *propter simplicitatem*, qu'a Cassiodore) figurant dans le titre, expression qui sent l'école et se lit justement à deux reprises dans un manuel scolaire, le livre V de Charisius : 384, 26 B : *pro mea mediocritate* ; 407, 23 B : *pro mediocritate ingenii mei*[1]. Il paraît donc permis de penser que le titre de l'abrégé a été forgé par l'abréviateur à partir d'indications (*simplicitatem fratrum, breuiter*) données par la préface qu'on avait prévu d'omettre, et que l'abréviateur a agi pendant une période s'étendant entre le début du VIIe siècle (après la mort de Cassiodore) et la date de copie de l'antigraphe de V.

On peut même essayer d'être plus précis, et envisager une réduction relativement proche de l'activité de Cassiodore. En effet, si *pro mediocritate* est un lieu commun scolaire, il se trouve aussi sous la plume de Priscien, dont on sait que Cassiodore a pris des extraits du premier livre des *Institutiones grammaticae* dans son *De Orthographia* ; mais là, l'expression est plus précisément associée à l'adverbe *breuiter*. On lit en effet, dans la préface qui ouvre le livre VI (*GL* II 194, l. 2 et 9) : *Breuiter regulas tibi me iussisti ... paucula tamen et*

plutôt la discrète reconnaissance de l'ambition d'Augustin, encore perceptible dans le texte alors signalé ?

1. Ce dernier livre de l'*Ars* de Charisius mêle probablement éléments authentiques et pièces ajoutées pour combler les lacunes d'un antigraphe altéré. Ce pourrait bien être au scriptorium de Bobbio, d'où provient le manuscrit Neap. lat. IV A 8, qui nous conserve ce livre V de Charisius, que ce « renflouement » aurait été réalisé.

a me pro ingenii mediocritate inuenta... La succession de ces quatre derniers mots évoque nettement la formule *pro fratrum mediocritate breuiata* du titre, et peut l'avoir inspirée. On sait que la diffusion en Occident de Priscien est très réduite avant Alcuin ; la copie dont disposait Cassiodore à Vivarium peut avoir été le véritable support du titre donné à une réduction dont l'intérêt s'apparentait assez bien, au reste, avec l'exigence intellectuelle qui animait la vie de cette communauté monastique, et le titre conserve l'idée que des *fratres* sont les destinataires de la version abrégée. Il est en tout cas notable que cet abrégé ne laisse pas paraître la trace du renouvellement du discours grammatical opéré par Apollonios Dyscole, et que Priscien avait assumé et transmis à l'analyse du latin[1].

2. L'*Ars grammatica*

2.1. *Son extension et le problème du dernier paragraphe*

L'œuvre est actuellement composée d'un examen des parties du discours, rapide, mais très classique dans sa forme, qui fait l'essentiel du texte (§ 2-96), précédé d'une brève et riche définition de la *Latinitas*, et suivi de trois chapitres (§ 98-103) sur lesquels nous reviendrons.

Si l'on compare cette structure avec d'autres *artes* courtes – dont l'*Ars maior* de Donat est un bel exemple, mais aussi Dosithée, Audax, « Maximus Victorinus », l'anonyme du manuscrit Munich clm 6281 –, on constate qu'il manque au début un *De Grammatica*, et avant le § 2 un *De Voce*, des chapitres sur les lettres et les syllabes, voire aussi sur les mètres, la ponctuation et les accents. Est-ce un choix du rédacteur originel ? C'est un fait que l'*Ars minor* de Donat est, elle, très concise, et réduite aux parties du discours ; mais justement, tel n'est pas

1. Remarque de A. Luhtala, *Grammar and Philosophy in Late Antiquity*, Philadelphia, 2005, p. 138-141.

tout à fait le cas ici[1], et l'on ne peut penser que les chapitres si denses du début et de la fin (§ 1 et 98-102) soient destinés à l'auditoire enfantin du premier manuel de Donat. L'extension actuelle manque donc d'homogénéité, et l'on peut y voir un effet de la réduction du format, qui aura supprimé purement et simplement un certain nombre de chapitres au début – peut-être simplement un *De Grammatica*, comme chez Diomède, voire une série *De Litteris*, *De Syllaba*, *De Voce*.

Nous avons vu plus haut ce qu'il fallait penser des § 98-102 sur le solécisme et le barbarisme. Relevant, dans les grammaires classiques, d'un développement plus systématique et bien articulé, ils peuvent figurer la partie finalement conservée d'un exposé complet sur les autres figures, *schemata*, et tropes, mais aussi – et c'est l'hypothèse que nous préférons, d'autant que Cassiodore parle bien d'un texte composé *breuiter* – refléter exactement l'extension d'un développement qui visait des considérations plus hautes sur la combinatoire de la langue, et ne trouvait pas de place pour ces autres sujets de la « troisième partie », qui sont à la frontière entre grammaire et style.

Introduisant à propos de la *Latinitas* une série de concepts dépassant largement le cadre scolaire, la raison (*ratio*), l'autorité (*auctoritas*) et l'usage courant (*consuetudo*), l'ambition du premier chapitre est en décalage avec ce qui suit immédiatement, ce qui laisse penser qu'on a pu supprimer un développement sur ces trois dimensions complémentaires, et parfois présentées, dans la suite, comme potentiellement en conflit.

Tout autre est le cas du dernier chapitre. Il propose une exposition complète, quoique très résumée, des *idiomata casuum*, ou associations idiomatiques de formes casuelles à des verbes ou adjectifs. Destinés à l'origine à un public de langue

1. Le (re)centrage sur les parties du discours est toutefois très net. On rapprochera la déclaration de Cassiodore, dans la postface du *De Orthographia* (*GL* VII 209, 12-14) : *Ars enim tractat de partium declinatione, orthographia uero quem ad modum scribi debeat designat, quod partium declinatio decora repperit.*

maternelle grecque, et élaborés dans une perspective de comparaison avec le grec que conservent plus ou moins les listes que nous avons encore, les *idiomata*, en dehors de leur destination première, d'apprentissage du latin par des locuteurs de langue grecque ou connaissant déjà le grec, ont été utilisés à des fins normatives dans le monde latin. Ces deux emplois successifs – car il ne fait pas de doute que les *idiomata casuum* sont nés en contexte hellénophone – peuvent être illustrés par Diomède, et les manuscrits de l'*ars* de Dosithée. Le premier en a intégré à sa grammaire (*De Consensu uerborum cum casibus*, *GL* I 310, 30 – 320, 9), et il y a là une réflexion personnelle et originale. La tradition manuscrite du second nous offre des *idiomata* après la fin de l'exposé structuré de la grammaire, l'*ars* proprement dite, et dans un ensemble dont le rattachement à l'œuvre est fortuit : les *idiomata* qui furent ainsi ajoutés à la grammaire de Dosithée circulaient déjà déconnectés de leurs lecteurs hellénophones, et n'avaient de prix que par la correction du latin classique dont ils étaient cependant toujours supposés porteurs[1]. Pour ce qui est des *idiomata* de l'*Ars breuiata*, c'est un fait en tout cas qu'ils parurent hétérogènes au cardinal Mai, qui leur fit une place en note à son édition, mais aussi à Miller, qui signala l'existence de ce développement dans le manuscrit de Paris qu'il avait repéré, et félicita

1. Sur cette question, nous renvoyons à l'introduction à notre édition de la grammaire de Dosithée (CUF), p. XXXI, grammaire dans laquelle nous n'avons justement pas repris les *idiomata*, que Keil avait admis (*GL* VII 424,17 – 436, 14). Pour le traitement de ces textes, qui ne relèvent pas du même genre technique que l'*ars*, un moyen terme entre Diomède et Dosithée est offert par le manuel de Charisius, dans lequel un livre V et dernier regroupait du matériel plus lâchement connecté à l'exposé grammatical. Ce manuel volumineux, dont nous avons encore le sommaire, fut sans doute altéré pendant la tradition, et a été l'objet d'une recomposition ultérieure dont fait foi un manuscrit de Bobbio sur lequel s'est appuyé K. Barwick pour l'édition qu'il a procurée (Teubner, 1925), renouvelant celle de Keil (*GL* I). La possibilité que les présents *idiomata* aient été ajoutés par l'abréviateur nous conduit à les maintenir dans cette édition.

l'éditeur du manuscrit du Vatican de l'avoir traité comme il l'avait fait[1].

Dans la liste très inégale que nous avons ici, les cas sont globalement considérés dans l'ordre traditionnel de la déclinaison ; nous disons globalement, car on voit bien que les syntagmes nominaux sont maladroitement placés : le génitif adnominal vient après l'accusatif adverbal ; l'ablatif adnominal n'est pas formellement signalé, et précède curieusement le datif adnominal, lequel est ainsi séparé du datif adverbal. L'ensemble donne un peu l'impression de procéder de la confusion de deux listes distinctes : une liste principale de *casus* adverbaux, et une liste secondaire de *casus* adnominaux mal intercalés. La différence de traitement avec la subtile architecture des développements précédents ne plaide pas pour l'authenticité des *idiomata casuum*. On supposera donc volontiers qu'Augustin ne s'était pas lancé dans un exposé comparatif, plus ou moins implicite, avec le grec. Faut-il alors supposer les *idiomata* introduits à l'initiative de l'abréviateur ? Il est plus difficile encore de se déterminer sur ce point. Les indices que nous avons relevés (cf. notes 103.7, 103.8 et 103.10) sur l'exploitation et l'altération plus ou moins volontaire de certains documents grammaticaux sont-ils de nature à nous faire envisager que l'ajout relève d'une phase ultérieure de la transmission du texte ? Quelle que soit, de toute façon, la date à laquelle ils ont rejoint l'*Ars*, en cours de refonte par abrégement ou alors qu'elle était déjà abrégée, les *idiomata* s'y intègrent non plus dans la perspective de perfectionner un bilinguisme gréco-latin qui n'est plus de mise, mais plutôt comme la marque d'un souci de faire acquérir un niveau de langue correct, voire littéraire, à des lecteurs dont le parler est spontanément inférieur à cette exigence.

1. Weber admet les *idiomata* (cf. son introduction, p. 6 n. 6), sans autre restriction qu'une séparation typographique, marquée par un trait horizontal, et à vrai dire bien ambiguë.

2.2. *Caractéristiques générales*

Telle que se présente pour nous la grammaire, elle résume une doctrine classique dont plusieurs points sont particulièrement infléchis ou simplement mis en relief. Par le tri auquel il s'est livré, l'abréviateur a sans doute accentué, sans que nous puissions le mesurer, des effets d'insistance ; il est moins probable que les infléchissements et soulignements théoriques doivent lui être attribués. Dans ces conditions, on peut relever une proximité discrète mais réelle avec Donat et Palladius, appréciable par des effets de formulation : l'introduction des paradigmes nominaux et verbaux est ainsi identique à ce qu'on lit dans l'*Ars minor* – ce qui semble nous livrer la formule scolaire canonique, l'Antiquité ayant une pratique pédagogique de la récitation par cœur. Nous retrouvons dans les *Instituta artium* dits de Probus, mais attribuables à Palladius, la même disposition pour les verbes seulement, mais également un développement tout aussi complet sur les mots grecs en *-ma*, avec l'exemple parlant *glossema*.

Cette proximité dans une rédaction dénuée d'originalité permet de se faire une idée du contenu d'un développement manquant au début du chapitre sur le pronom tel que nous le lisons, mais qui existe très classiquement chez Probus-Palladius : on peut en deviner la trace en creux dans la présente rédaction (cf. la note 22.2), ce qui est un des plus sûrs indices de l'abrègement subi par le texte.

Franchement original, en revanche, le classement des modes verbaux qui présente le subjonctif avant l'optatif (cf. la note 51.2), contre le constant usage grammatical latin – qui ne fait que refléter la manière grecque. On aurait tort d'analyser cette interversion comme une simple variation formelle : elle se justifie, au contraire, conceptuellement comme aussi, et cela est paradoxal, sur le plan formel, par un recours raisonné au modèle grec. En effet, de ces deux modes personnels, le subjonctif latin est le seul ayant tous les temps avec une variation formelle identificatrice. Si l'on se cale donc sur lui pour considérer le système des deux modes, l'optatif apparaît bien comme une variation défective – il n'a pas la valeur d'imparfait – et qui retient certaines formes du subjonctif – pas toutes : manquent celles du futur – avec une valeur différente pour la moitié d'entre elles ! Le simple fait d'inverser l'ordre de présentation fait ainsi apparaître l'optatif latin comme sémantiquement, et non morphologiquement, déterminé : à vrai dire, les flottements des grammairiens dans la présentation de ce mode en faisaient soupçonner le caractère factice, mais celui-ci est ainsi nettement mis en lumière. La présentation des deux modes inversée par rapport à l'usage hérité de la tradition grammaticale grecque repose pourtant sur la même motivation qui explique la primauté donnée, en grec, à l'optatif : la lisibilité formelle. En effet, c'est sans doute l'identification plus aisée des formes verbales d'optatif considérées individuellement qui valait à ce mode d'être exposé avant le subjonctif, lui-même souvent mal distinct de l'indicatif (*a fortiori* d'ailleurs à l'époque où la graphie ne notait pas les longueurs des voyelles). A l'instar de l'optatif grec, le subjonctif latin offre une conjugaison complète et distincte de l'indicatif dans toutes ses formes – si l'on excepte toutefois la première personne du futur empruntée au subjonctif présent et encore, pas pour toutes les conjugaisons. Il est donc pertinent, si l'on refonde l'exposé sur le critère de la morphologie, qui prévalait dans la grammaire grecque, de le présenter avant l'optatif.

Du reste, cette hardiesse est homogène avec le choix d'une présentation résolument « moderne » des voix verbales (cf. la note 48.1), qui dénote le souci d'introduire les modèles verbaux par l'ordre le plus « logique » (cf. *infra*).

Le système des trois *connexiones* (§ 78-82) déterminant, à partir des trois thèmes verbaux intervenant dans la conjugaison d'un verbe, la liste des paradigmes modaux et temporels qui s'y greffent, et fournissant donc une clef un peu comme nos « temps premiers », est une autre nouveauté remarquable dans la littérature artigraphique. Elle suppose une approche synthétique assez éloignée d'un exposé systématique et complet des conjugaisons, ce qui s'accorde bien avec le choix d'un seul paradigme verbal « régulier », pris dans la troisième conjugaison, comme fait Donat dans l'*Ars minor*.

Autre trait d'originalité dans le discours grammatical, l'extension aux adverbes de manière, et pas seulement aux adverbes locaux et temporels, du classement selon la valeur déictique développé avec les pronoms : cf. notre note 84.2.

Enfin, l'inversion des chapitres relatifs au barbarisme et au solécisme reflète, on l'a vu, une originalité théorique de tout autre ampleur. Là encore, c'est l'ordre des éléments qui, dans un manuel finalement resserré, nous met sur la voie de l'originalité de la pensée de l'auteur. Il est vraisemblable qu'Augustin justifiait son choix de présentation dans la version originale plutôt que de la réserver à un complément d'information oral[1]. L'ambition, ou du moins la hauteur de vue, que l'on pressent dans la rédaction originelle, est encore visible dans le choix de pointer les ambiguïtés attachées à l'emploi de *cuius* (§ 39), à l'identité de l'adverbe au comparatif et de l'adjectif neutre (§ 85, cf. plus haut), ou encore au signifié de *cultus* (§ 88). Le grammairien y questionne délibérément les limites de la capacité du langage à délivrer clairement son message.

2.3. *L'action de l'abréviateur*

Les aspects que nous venons d'évoquer reflètent sans doute la pensée du rédacteur originel. L'intervention d'un abréviateur avait pour but de réduire le volume, ce qui pouvait se faire d'abord aisément, par la suppression de l'éventuelle présentation dialoguée, avec ces redondances entre questions et

1. Sur cette question du complément oral de l'enseignement, on nous permettra de renvoyer à notre article « La théorie grammaticale des artigraphes latins au miroir de leurs auditeurs », *in* A. Wouters, P. Swiggers, L. G. Stepanova, I. P. Medvedev, V. I. Mazhuga, N. N. Kazansky edd., *Ancient Grammar and its Posterior Tradition* (actes du colloque international de grammaire latine de Saint-Pétersbourg – avril 2005), Peeters [*Orbis/Supplementa* 36], Louvain – Paris – Dudley, Ma., 2011, 175-186.

réponses, mais il fallait aussi réduire, et supprimer. Ce travail, que nous ne pourrons jamais que supposer, a eu pour effet d'accentuer aux yeux des lecteurs ultérieurs certains autres développements : au point de défigurer l'ensemble ? Nous ne le pensons pas pour le verbe, très précis et très complet. La présence d'intertitres – qui à notre avis ne sont pas des ajouts – constitue à nos yeux l'indice que le *De uerbo* était, dans sa version originale, déjà très développé. C'est simplement la réduction des autres développements qui en a accentué la prégnance jusqu'à lui réserver plus du tiers (environ 35%) du volume de l'*ars* abrégée. En effet, les sections suivantes, consacrées au participe, mais aussi et surtout aux éléments invariables, semblent avoir souffert de l'effort de réduction. Le doute est permis pour le *De participio*, puisqu'on trouve exemple ailleurs (cf. § 91 et 92) d'une pareille concision ; il l'est moins pour les autres *partes*, adverbe, conjonction, préposition (dans une moindre mesure) et interjection. En particulier, on attendait une énumération des conjonctions, énumération possible à la différence de celle des adverbes, toujours vouée à l'inachèvement. La présence du matériel lexical prépositionnel, sur laquelle nous allons revenir, invite à supposer que le *De coniunctione*, tout au moins, devait lui aussi contenir des listes exhaustives de cette catégorie lexicale close ; que le rédacteur fût descendu jusqu'à ce détail nous est suggéré par la mention de *prorsus*, conjonction très inhabituelle (cf. note 90.2) et justement repérée par l'abréviateur, qui l'aura conservée avec beaucoup de discernement dans sa version abrégée. Et l'indigence du *De interiectione*, réduit à une affirmation à peine intelligible, tant sont lourds les enjeux théoriques qu'elle dévoile en passant – et qui font tant discourir l'auteur anonyme des *Regulae* –, cette indigence ne peut que refléter une intervention ultérieure, réduisant à sa moelle un exposé sans doute déjà concis.

La réduction de la matière a condamné sans doute des développements théoriques (au moins au début du *De pronomine* : cf. la note 22.2) : a-t-elle pour autant gauchi le propos de la grammaire ? Nous avons avec elle un répertoire de formes grammaticalement ordonnées ; un répertoire raisonné donc, mais qui ne prétendait sans doute pas à l'exhaustivité, du moins sur des bases lexicales. Quand tous les éléments sont traités, ce qui est le cas des prépositions, cette exhaustivité est motivée typologiquement, puisque le principe de classement des prépositions est justement leur construction, ce qui implique de les citer toutes. A l'inverse, le *De aduerbio*, schématique, n'épuise pas la matière avec une énumération des adverbes dans chaque catégorie, comme souvent, et il ne paraît pas envisageable de penser que l'abrégé a ici fait disparaître des listes de mots. Dans les premiers chapitres, l'énumération des paradigmes nominaux descendant jusqu'au type grec en *-ma*, le détail des paradigmes pronominaux, parfois ramenés scolairement aux paradigmes nominaux – *qualis* au type *agilis* / *facilis* (§ 38), *meus* à *reus* (§ 40), *noster* à *niger* (§ 41) –, ce qui est une manière de dire que leur déclinaison est de type nominal, la conjugaison complète de *scribo*, *scribor*, *odi* (avec excursus sur *memini* et *noui*), *sum* (et *possum*), nous montre la volonté de fournir un modèle d'emploi le plus large possible. Pour autant, l'abréviateur ne semble pas avoir travesti la grammaire, car la présence de formes aussi rares que *cuias*, *nostras* et *uestras* (§ 45-46), souvent simplement signalées dans les autres grammaires, mais qui ici donnent lieu à un véritable commentaire, montre que le texte original descendait à de pareilles préoccupations lexicales, normatives certes, mais pas seulement classificatoires.

Conférer une dimension pratique à ce cours de langue n'était sans doute pas la préoccupation du seul abréviateur, et l'on peut penser que cette intention animait déjà l'auteur. Si l'absence des formes pronominales archaïques, comme *ipsus*, par exemple (qu'on retrouve chez Diomède, *GL* I 330, 23 *sqq.*, ou Probus-Palladius, *GL* IV 132, 10) nous prouve simplement que l'abrégé est débarrassé des scories de la vieille langue, il est peu probable que le recours à la *consuetudo*, que l'on retrouve si souvent (§ 39, 46, 48, 61, 78, 79, 88), ait été introduit secondairement.

Cette même recherche d'une dimension pratique explique à nos yeux le choix de ranger les voix verbales (§ 48) dans l'ordre rare, et déjà moderne, qui introduit très vite les déponents pour souligner leur étroite parenté morphologique avec les passifs. Dans cette perspective, on s'interdira aussi de regretter une intervention intempestive qui nous aurait privés d'éléments permettant d'identifier ici (§ 58) ou là (§ 90) les grammairiens et de leurs querelles, et il est plutôt à supposer que le silence sur les noms était constitutif de la rédaction d'Augustin.

3. Le texte

3.1. *Transmission*

Le texte nous est donné par trois manuscrits médiévaux :

– **V** : Bibliotheca Apostolica Vaticana, Pal. lat. 1746. 30 × 22,5 ; copie à longues lignes. Ce manuscrit de l'abbaye Saint-Nazaire de Lorsch comprend quatre sections, dont la première (f. 1-10v), qui nous intéresse, et la troisième (f. 72-125) sont datées de la fin du VIIIe siècle – la seconde (f. 11-71) et la quatrième (f. 126-184) ont été écrites dans la première moitié du IXe siècle. Accueillant uniquement des textes grammaticaux[1], il a été pourvu au XIVe s. d'un sommaire sur la première page, pour lequel on n'a pas hésité à gratter soigneusement le texte inférieur, soit le début de notre traité jusqu'au § 7 *comparatiuo*.

– **B** : Bruxelles, Bibliothèque royale, 9581-9595. 31,2 × 23,2 ; copie à longues lignes. Provenant peut-être de Tours, et

1. Outre l'*Ars breuiata* (f. 1-10v), il contient les *Regulae* du Pseudo-Augustin (f. 11-26v), la *Breuis expositio in Artem Donati*, de Paul Diacre (f. 27-40r), les *Etymologies* d'Isidore de Séville (f. 40v-58v), l'*Ars* de Dynamius (f. 59-71v), des extraits de celle de Julien de Tolède (f. 72-98v et 126v-152v), l'*Ars* de Tatwine (f. 99-126r), celle du Pseudo-Asper (f. 153-161v = *Anecdota Helvetica* 39-61), et enfin celle de saint Boniface (f. 162-184v).

conservé longtemps à l'Hôpital Saint-Nicolas, à Cues, il daterait de la fin du IXe pour ses deux fascicules principaux[1]. Il se conclut en tout cas par un fascicule sur papier du XVIe-XVIIe siècle. L'*Ars breuiata* (f. 9-13v) y précède, comme dans V, les *Regulae* (f. 13v-21r), mais le manuscrit n'a pas que les études grammaticales comme propos : il regroupe en fait un ensemble de textes « destinati a uso scolastico », selon Stoppacci 2010 : LIX[2].

– **P** : Paris, Bibliothèque nationale, lat. 7520. 25 × 16 ; copie à longues lignes. Ce manuscrit composite (IXe-XIVe s.), est une collection grammaticale[3]. Il accueille notre texte dans

1. Telle est l'opinion de Bischoff (1994 : 133). Si l'on consulte les différents catalogues de la Bibliothèque royale, on constate que plus leur parution est récente, plus elle recule la date de copie : Calcoen (*Inventaire des manuscrits scientifiques de la Bibliothèque royale Albert Ier*, II, Bruxelles, 1971) propose les environs de l'an 900, van Den Gheyn (*Catalogue des manuscrits de la Bibliothèque royale des ducs de Bourgogne, II Patrologie*, Bruxelles, 1902), le Xe siècle, Thomas (*Catalogue des manuscrits de classiques latins de la Bibliothèque royale de Bruxelles*, Gand, 1896), les Xe-XIe, et le *Catalogue des manuscrits de la Bibliothèque royale des ducs de Bourgogne* (vol. I, 1842) avançait le XIe siècle.

2. Où l'on trouvera une description complète, avec une bibliographie. On y relèvera, juste avant les deux opuscules attribués à saint Augustin, un autre texte grammatical, le *De Orthographia* de Cassiodore (ff. 1-8), et, plus loin, le *De Dialectica* d'Alcuin (79-87), aussi présent dans le manuscrit P.

3. Le fascicule 1 (un autre fascicule du même ensemble se retrouve dans le manuscrit Bern, Burgerbibliothek 207 : f. 212-235) contient le *Fragmentum Parisinum* de Térentius Scaurus (*GL* VII, 34-35 : f. 1), les *Catholica* du Pseudo-Probus (*GL* IV, 3-43 : f. 2-9), le *De Dialectica* d'Alcuin (*PL* 101, 951 *sqq.* : f. 9-22v), un fragment des *Etymologies* d'Isidore de Séville (f. 22v-23), le *De Schematibus et tropis* de Bède le Vénérable (f. 23-24v). Le fascicule 2, du deuxième quart du IXe s., copié à Fleury au début du XIe siècle, et partie d'un ensemble d'où provient aussi le manuscrit d'Orléans, Bibliothèque municipale, 296, contient la « petite Institution » de Priscien (f. 25-29), le *De Finalibus* de Servius (f. 29-31v), le *De Nomine et uerbo* de Phocas (f. 31v-42), un ensemble d'inspiration servienne (f. 42-45v) et la *Lettre à Braulion* d'Isidore de Séville (*PL* 80, 908 : f. 45v). Le troisième fascicule inclut l'*Ars breuiata* (f. 46-55), les *Regulae* (f. 55-69), la lettre *De Nominibus pedum* du Pseudo-

son troisième fascicule (f. 46-55r), daté du IXe s. et provenant peut-être de Saint-Denis. L'*Ars breuiata* précède les *Regulae* du Pseudo-Augustin (f. 55r-69r), comme dans les deux autres témoins.

Il est donc remarquable que les trois témoins de l'*Ars breuiata* soient tous associés, dans le manuscrit où ils figurent, à une copie des *Regulae*, également attribuées à saint Augustin. La tradition plus large (huit manuscrits) de ce texte anonyme a été étudiée en détail dans la plus récente édition (Martorelli 2011 : XXXI-LXXIII). Compte tenu du fait que nos trois manuscrits constituent, exclusivement des autres, une des branches de la tradition de ce texte, il ne semble pas qu'on ait à regretter pour l'*Ars breuiata* la perte partielle d'une tradition co-extensive à celle des *Regulae*.

3.2. *Rapport entre les manuscrits*[1]

Des erreurs manifestes partagées par les trois témoins invitent à les tenir pour les trois représentants d'une même tradition ; ainsi par exemple, l'absence des accusatifs et ablatif pluriels de *cuias* (§ 45), le participe singulier *sonans* pour un verbe principal au pluriel *sonant* (§ 80), ou *earum* au lieu de l'accusatif *Eurum*, nom du vent dont l'identification a été perdue (§ 94).

Abstraction faite des approximations de l'édition *princeps* procurée par le cardinal Mai (cf. *infra*), souvent reprises

saint-Jérôme (*PL* 80, 730 : f. 69), des extraits du *De Centum metris* (f. 70-73v), et un poème anonyme à la gloire de l'abbé Hilduin (f. 73v). Dans la suite, un quatrième ensemble accueille les *Synonymes* d'Isidore (f. 74-84) puis ses *Differentiae* (f. 85-98), un opuscule *De Rebus grammaticis* et un autre d'étymologies (f. 101-107), anonymes tous deux, et enfin le *Commentum Terentii* d'Eugraphius (f. 108-124).

1. Dans son article « Contributo al testo dell'*Ars breviata* di S. Agostino », qu'il a eu la grande amabilité de nous communiquer avant sa parution, et alors que nous rédigions la présente introduction, M. Luca Martorelli (2012 : 262-272) a dressé des listes quasi exhaustives des erreurs des manuscrits et éditeurs ; nous y renvoyons le lecteur souhaitant plus d'exemples que ceux que nous donnerons ici.

dans l'édition Weber, on constate que V est globalement plus correct que les deux autres manuscrits, lesquels sont aussi plus récents. Inversement, les rares (une trentaine) leçons meilleures de B et/ou de P peuvent toutes être mises au crédit d'une correction spontanée à partir du modèle représenté par V, correction évidente dans un cas comme *hae* pour *haee* (§ 9), ou issue d'un processus de simple réflexion pour *scriptu* (§ 59), ajouté dans B et P à la série *scribendi, scribendo, scribendum, scriptum*, manifestement incomplète dans V.

La dépendance de B et P vis-à-vis du texte tel qu'il figure dans V est nette, et ressort de la comparaison de passages manifestement fautifs et non corrigés dans l'un des deux manuscrits récents : pour B et V *scripsemus* pour *scripsissemus* (§ 57), ou un *superiore* parasite devant *superiorum* (§ 70) ; pour P et V *uellint* (§ 9) pour *uelint*, ou encore *commune* pour *a communi* (§ 68). Plus précisément, c'est le texte de V corrigé, quand nous avons la trace d'une intervention dans ce manuscrit, qui inspire les deux autres versions, comme le montre bien, entre autres, la leçon (§ 94) *citra domum*, que l'on retrouve dans B et P, mais qui corrige un premier *citra forum* où le régime, par *lapsus calami*, était inspiré directement par Donat (cf. note 35, *infra*)[1]. Rien ne s'oppose donc à concevoir que V est l'antigraphe de B et P.

Le rapport de ces deux manuscrits à leur source n'est cependant pas exactement identique. Au terme de son étude très détaillée, Martorelli (2012 : 273) suppose un intermédiaire pour chacun des deux manuscrits. Telle n'est pas notre opinion pour P, dont les différences avec V consistent pour près de la moitié en omissions (cf. par exemple les § 10, 11), et autres distractions comme le saut du même au même (titre du

1. Ce constat invite a recevoir *à la fois* les formes *diiudico* et *diduco* (§ 93), toutes deux attestées dans B et P, tandis que, sous la forme altérée *diudico*, le premier verbe figure dans la marge de gauche de V (donc avant *diduco*). Nous comprenons le signe de renvoi comme marque d'un ajout (justifiable : le préverbe à finale vocalique est alors devant une initiale de mot identique), non d'un remplacement : c'est en tout cas ainsi que l'ont compris les deux copistes ultérieurs.

§ 52) ne supposant donc pas nécessairement un intermédiaire. Pour B, en revanche, l'existence d'un intermédiaire est plausible : elle expliquerait une leçon *oditur promoui bonos* (§ 103), qui, quand on la compare au fautif *oditur pernoui bonos* de V (pour *odi turpes noui bonos*, restitué par le cardinal Mai), peut se décomposer en deux temps : une erreur de la copie intermédiaire (b) dans la lecture de l'abréviation syllabique initiale de *pernoui*, puis une correction secondaire, dans B, du radical *-noui* en un *-moui* perçu comme plus acceptable au regard du préverbe *pro-*. Le manuscrit P n'a pas le passage, comme s'il avait préféré ne pas copier le texte fautif lu dans V.

Nous proposons donc le stemma suivant :

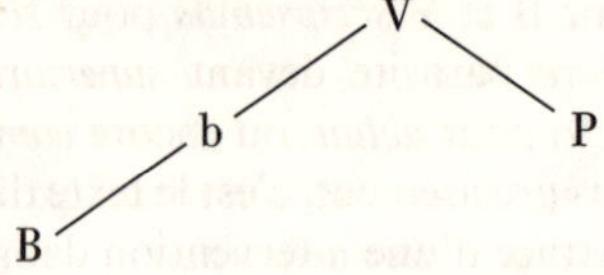

3.3. *Postérité de la grammaire abrégée*

L'intérêt pour ce texte à l'époque carolingienne ne nous est pas seulement documenté par les copies qu'on en a faites : nous avons des témoins probants de son exploitation.

Godescalc d'Orbais commence ainsi son premier *Opusculum de rebus grammaticis* (éd. Lambot, Louvain, 1945, p. 353) : *Illud quod Horatius ait* Maior Neronum *nullatenus est subaudiendum « aetate », et* Minor fratrum *non ita debet exponi pro « unus fratrum qui minor est », quia sicut sanctus Augustinus in* Artis *libro* grammaticae *perspicaciter docet, comparationis,* etc. L'allusion explicite à notre grammaire se fait plus précise un peu plus loin (1, p. 354, 1-2) avec la reprise littérale de l'expression *minus capaces* pour dénoncer les éditeurs de 1 Cor 13, 13 portant la leçon *maior autem his caritas*. Plus loin (I 94, p. 414, 10-21 ; cf. aussi l'*Opusculum* II, p. 464, 8-12), Godescalc revient sur ce verset, en des termes (l'emploi en particulier du mot *episcopis*) qui ne laissent pas de doute quant à sa connaissance de notre § 7.

Ce n'est pas tout : le début de l'Opuscule de Godescalc se retrouve partiellement dans la *Lettre à Grimald* d'Ermenrich d'Ellwangen (§ 18, p. 120-122 Goullet = MGH 507-508), avec notamment quatre exemples scripturaires communs sur cinq. La *Lettre à Grimald* ne laisse pas alors deviner la présence en arrière-plan de sa source[1], mais cette ressemblance « dispersée » des deux œuvres permet d'envisager, ici aussi, une inspiration puisée à l'*Ars breuiata*.

Un troisième lettré exploite l'*Ars breuiata* sur ce point : il s'agit de Clément Scot, qui la cite littéralement dans son *Ars grammatica* (p. 32, 11 sqq. Tolkiehn, Dieterich 1928) : *Et aliquando genetiuum pluralem Augustino testante regit, ut in epistula Pauli legitur « manet autem fides spes caritas tria haec ». Quoniam caritas inter tria connumerata fuerat, dixit « maior autem horum caritas ». Nam si diceret « maior his caritas », sicut quidam male emendauerunt aliam caritatem quasi quartam inducere uideretur et non solum suo ut « uelocior homo homine », sed alieno genere comparatur, ut « uelocior lepus homine », et communis est,* etc. Clément n'a pas eu sous les yeux que ce développement, car il cite en outre, en les attribuant, trois autres passages de l'œuvre : notre § 26 à la page 57, 29 *sqq.* : *et sciendum quod Augustino testante in declinatione pronominum* o *non interponitur loco uocatiui nisi in his pronominibus quae uocatium habent, ut* o mi, o noster ; le § 39 à la page 59, 19 *sqq.* : *Item Augustinus ait quod infinita pronomina per quae generaliter de omnibus rebus interrogatio fit, id est* cuius cuia cuium, *secundum praedictorum pronominum regulam per omnes casus declinantur* ; et quelques lignes plus loin, c'est à nos § 46 puis 45 que correspond le développement (p. 59, 25 *sqq.*) *Augustinus uero* nostras *et* uestras *trium generum commune esse dicit. Item* cuias *pronomen infinitum est gentis praepositiuum... dicimus enim « cuias est iste uir » uel « ista mulier ». Item Augustinus* cuias *trium generum commune*

1. Encore qu'on lise quelques lignes plus haut, dans le même § 18, la citation de I Cor. 13, 13, utilisée cette fois pour illustrer l'emploi du neutre. Le nom d'Augustin n'est pas attaché à la prescription.

esse dicit et per omnes casus declinari ita : cuias cuiatis *et reliqua. Pluraliter item* cuiates *et* cuiatia, cuiatium *et reliqua.* On ajoutera à ces passages signalés par Tolkiehn, une remarque (p. 74, 9) sans attribution, mais littéralement à rapprocher de notre § 20, impliquant *iusta* comme exemple de féminin ignorant la désinence en *-abus* du fait qu'il accompagne toujours, comme adjectif, un mot sans ambiguïté quant à son genre. Enfin, le parallélisme des pages 161-163 avec nos § 93 et 94 est révélé par la ressemblance des exemples, plus précisément celle de la paire *ad patrem / apud amicum* (interversion des régimes)[1].

Plusieurs générations plus tard, c'est Abbon de Fleury (mort en 1004), qui cite littéralement notre grammaire, toujours sur le sujet du complément du comparatif (*Quaest. gram.* 41) : *Comparatiuus gradus, dicunt grammatici seruire semper ablatiuo casui, sed in opusculis Augustini legi quod si rebus propositis eundem casum comparatiuo iunxeris, extra ipsas res erit quod idem gradus intulerit ; ut puta sint tres docti ; si requiris quis eis doctior sit, quartum procul dubio tibi reddi cupis, sin per genetiuum quis eorum sit doctior inuestigas, unum ex his tribus doctiorem scire desideras. Quocirca, ut idem doctor ait, cum nominantur tres uirtutes, fides, spes, caritas, melius est dicere neutraliter « maior horum » quam « maior his est caritas » ut non quartum aliquid introducas, sed in rebus propositis quid maius sit secernas.*

Aimeri enfin, dans son *Ars lectoria*, rédigé en 1084, comme il l'écrit lui-même (cf. Reijnders 1971, p. 141), est le dernier témoin du texte. On y lit, intercalé dans un développement sur l'orthographe, le passage suivant : *sciat quoque lector quoniam sensus est alius cum genitiuus supponitur comparatiuo gradui,*

1. En revanche, le *citra forum* que partage Clément avec le seul manuscrit V *avant correction* donne moins valablement une indication quant au texte consulté, car *forum* est le régime traditionnel de *citra* chez Donat (*Mai.* 614, 9 H et *Min.* 600, 14 H) ou Priscien (*GL* III 28, 27), et l'on comprendra cette leçon, corrigée d'ailleurs en V et que l'on retrouve en B et P, comme un lapsus, par hasard commun à Clément et à la première main de V.

ut spes fides caritas tria hec ; maior autem horum est caritas, *hoc est maior istarum trium tercia est caritas ; et alius sensus est cum supponitur ablatiuus. Si enim diceretur « maior his » quartum intellegeretur quod tribus istis maius esset*. La seconde partie, comparée à notre § 7 (*nam si diceret « maior autem his est caritas », aliam caritatem quasi quartum aliquid inducere uideretur quod tribus dinumeratis, id est fidei et spei et caritati praeponeret*) permet de constater là encore une inspiration directe, dont on ne trouve pas d'autre témoignage sûr dans le reste de l'œuvre d'Aimeri[1].

La constance des références au traitement par Augustin de la construction du comparatif (notre § 7) donne à penser qu'il s'agissait là d'un morceau choisi, pouvant avoir figuré comme tel dans une chaîne grammaticale – les deux *opuscula* de Godescalc, comme aussi le *Donatus Ortigraphus*, donnent un bon aperçu de ces séries de notes d'intérêt grammatical. De fait, un développement incluant une remarque critique au texte d'une épître paulinienne méritait de retenir l'attention des intellectuels carolingiens, dans le contexte de révision générale du texte biblique affiché par l'entourage de Charlemagne. C'est donc peut-être *via* une de ces chaînes qu'Ermenrich et Aimeri ont eu connaissance du passage de l'*Ars*, dont ils ne citent d'ailleurs pas l'auteur.

Pour Clément Scot, en revanche, l'importance des emprunts conduit avec davantage de certitude à envisager un accès direct à la Grammaire. Le cas de Godescalc d'Orbais est enfin plus complexe. S'il est vrai que les coïncidences nombreuses, mais limitées, entre la *Lettre à Grimald* d'Ermenrich et les *Opuscula* de Godescalc révèlent que les deux auteurs sont passés par le même centre d'enseignement[2], on pourra

1. Faut-il ajouter à cet indice qu'Aimeri venait de parler de mots en *-ma*, sans toutefois citer parmi ses nombreux exemples le mot pivot du § 21 ? La mention d'*Augustinus* parmi les noms ayant un *i* long devant *n* (Sneijders 1972 p. 151) ne constitue pas un élément probant.

2. Fulda, selon l'hypothèse de Dom Lambot, éditeur des *Opuscula*. Sur cette question, on se reportera à l'introduction de Monique Goullet à son édition de la *Lettre à Grimald*, p. 44-45.

alors admettre que Godescalc a bénéficié d'un même type d'accès, indirect, à l'*Ars breuiata,* et ce n'est pas sa mention d'un *Artis libro grammaticae* attribué explicitement à saint Augustin (cf. plus haut) qui, par son caractère général, permet d'écarter cette hypothèse au profit d'une consultation directe. Un constat est toutefois plus probant : dans les développements consécutifs de Godescalc sur la construction des verbes *calumnior* (I 17, p. 377, 1-9) et *subscribo* (I 18, p. 377, 10-17), on lit les exemples *subscribo epistulis* et *calumnior Catonem.* Le premier attelage n'est certes pas franchement original (cf. Diomède 312, 27, Bède *DO* 1074 Jones et les *Idiomata* qui suivent l'*Ars* de Dosithée, p. 87, 6 *sqq.* Tolkiehn = *GL* VII 424, 17 *sqq.*), mais son voisinage avec le second nous conduit à la sélection d'*idiomata* de la fin de l'*Ars* (§ 103), où figurent *calumniatur Catonem* et *subscribo epistulis*[1]. La commune présence de ces exemples sous la plume de Godescalc invite à penser qu'il a bien eu entre les mains la Grammaire dans la configuration qui est la nôtre, c'est-à-dire augmentée des *idiomata.* Un dernier fait de vocabulaire irait dans le même sens : l'*Opusculum* II, 465, 23, s'attache au sens du mot *conditio*, qui *non semper significat creationem, sed aliquando tenorem, causam, rationem.* Or il se trouve que *conditio* apparaît justement dans notre grammaire (§ 57) avec un sens qui pourrait bien avoir suggéré la mise au point lexicale de Godescalc : grâce à *cum*, un verbe peut *in coniunctiui conditionem uerti...*[2]

1. Ajoutons qu'Augustin – le vrai –, convoqué pour illustrer ce chapitre 18, est alors qualifié de *perspicax*, ce qui n'est pas sans rappeler le *perspicaciter* du début de l'*Opusculum*, appliqué à l'exposé du pseudo-Augustin... Enfin, il n'est pas indifférent de voir surgir le rare *possessiuum gentile* (cf. *Ars breuiata*, § 46) *nostras* (*nostratis morem*) sous la plume de Godescalc justifiant la construction de *subscribo* en 17, p. 773, 8.

2. Un indice indirect, mais convaincant, de cette fréquentation est qu'il semble établi que Godescalc a lu et exploité les *Regulae*, dont on retrouve l'écho dans ses *Opuscula* (Martorelli 2011 en général introd. n. 72, p. LXXXI, et spécialement p. 287-288, sur un passage de Godescalc, I 95, p. 415, 3-4, offrant la même erreur dans une citation de Cicéron, *Orator* 157, que *GL* V 517, 5 = V 5, p. 109, 3-4 Martorelli). Or, étant

Abbon de Fleury, enfin, cite littéralement le § 7[1]. Le pluriel *opusculis*, désignant l'origine du passage d'Augustin, nous fait songer à la présentation de la grammaire dans les trois manuscrits qui nous sont parvenus, où l'*Ars breuiata* est toujours accompagnée d'un second ouvrage attribué à Augustin : les *Regulae*[2]. Plus précisément, le manuscrit consulté par Abbon pourrait avoir été B, d'origine probablement tourangelle, ou P, qui est inclus dans un ensemble comptant deux fascicules copiés à Fleury. Ainsi, il nous est loisible de supposer qu'Abbon lui aussi eut un accès direct, comme avant lui Clément Scot et Godescalc, à la grammaire que nous éditons.

Ultérieurement, nous n'avons trouvé aucune trace d'une exploitation du texte, qui disparaît pour ressurgir grâce aux recherches du cardinal Mai dans la bibliothèque apostolique du Vatican, qui aboutirent à l'édition *princeps* de 1852.

4. Les éditions

4.1. *Nécessité d'une nouvelle édition*

C'est le cardinal Angelo Mai qui exhuma le manuscrit du Vatican et en procura, au soir de sa prolifique carrière, la

donné que les manuscrits de l'*Ars breuiata* sont tous les trois suivis des *Regulae*, nous avons là une présomption pour la consultation par Godescalc d'un *manuscrit* contenant les deux textes.

1. Son témoignage était connu du premier éditeur, le cardinal Angelo Mai, qui en avait pris argument pour corriger en *doctis* le *episcopis* du premier exemple donné par la grammaire ; il récusait cependant le plat *doctior* d'Abbon pour *prior* du manuscrit du Vatican. En tout état de cause, l'enchaînement des deux exemples désignait nettement l'*Ars breuiata* comme origine de ce développement. Nous avons rétabli la leçon de V, car il est plus vraisemblable de supposer que le contexte dans lequel Abbon avait rédigé ses *Quaestiones* était cause d'une correction en « savants » du pluriel « évêques », et en « plus savant » du comparatif « plus important ».

2. Weber, second éditeur de l'*Ars breuiata*, ne voyait dans ce mot, p. 5, qu'un diminutif exprimant l'abrègement signalé par le titre.

première édition, dans le volume 1, 2 de la *Noua patrum bibliotheca*, Rome, 1852, p. 165 *sqq*. L'édition est équipée d'une esquisse d'apparat critique, sans en avoir le caractère systématique. On trouve huit remarques marginales sur ce que présente effectivement le manuscrit alors corrigé : § 7 « cod. uidetur » pour *uidemur* imprimé ; § 9 « cod. uellint » pour *uellent* imprimé ; § 13 malgré « ita heic cod. » pour *hi et hae* imprimé ; § 21 « cod. syssema et sic mox » pour *systema* ; § 46 « impeditorum » pour *imperitorum* imprimé ; § 84 « cod. rome » pour la correction *romane* ; § 100 « cod. peccauit » pour *peccabit* imprimé ; § 101 « 2. m. dono » pour *domo* choisi.

Les doutes qui lui viennent à lire le manuscrit mais ne le poussent pas à corriger sont parfois marqués d'un « ita cod. »[1], mais cette attitude trop rare cède le pas, le plus souvent, à une correction pure et simple, mais non signalée, du texte. Ces corrections clandestines[2] sont parfois d'évidence, comme lorsqu'il imprime, § 7, la leçon correcte *Danaum* de la citation de *Aen.* I 96, en négligeant de signaler que le manuscrit a *donaum*. Il y a cependant des décisions moins naturelles, comme lorsqu'il remplace, § 34, *a uocatiuo* par *a nominatiuo*, supposant que la déclinaison de *tu* commence par un nominatif... La part doit être faite aux erreurs imputables à la typographie[3], et l'on peut deviner parfois un principe derrière ce qu'on pourrait qualifier, avec moins d'indulgence, d'arbitraire : celui du choix d'un texte dans sa première version, ce que vérifient plusieurs passages, comme § 40, par

1. Tel est le cas pour § 7 *manet* ; § 9 *haee* ; § 39 *pudoris* ; § 48 *percurrenda* ; § 70 *mementurus* ; § 71 *essit essint* ; § 90 *penes earum* ; § 97 *a summo magno*.

2. On en trouvera la liste (plus d'une centaine de passages !) dans Martorelli 2012, p. 15-17.

3. Franches erreurs typographiques : § 17 *cur-* tronqué en fin de ligne pour *currunt* (ou bien une imitation de l'abréviation par suspension, dans le doute de savoir si c'est *currit* ou *currunt* ?) ; réduplication abusive de *non* (en fin de ligne) devant *nonnulli* (§ 53), et au contraire, suppression de *finita* après *minus quam finita* (*quam* en fin de ligne) au § 82.

exemple, où il maintient la leçon évidemment fausse *neutrum*, § 48, où il néglige un *ut* ajouté dans un second temps, et encore § 95, où il maintient *fiducia* que V a pourtant corrigé en *inuidia*. Encore lui faudrait-il alors être explicite, mais il néglige, très généralement, dans les deux derniers exemples en particulier, de signaler l'intervention ultérieure sur le manuscrit ! Cette même négligence le conduit enfin à oublier des mots – plus rarement (§ 62) des séquences entières –, surtout de ces mots « secondaires » quant au sens général, mais dont la présence est assurée dans le manuscrit : ainsi avec le *et* précédent *-in am* (§ 53), un *est* (§ 87), etc. A l'inverse, il n'hésite pas à retoucher l'expression latine pour l'assouplir : c'est ainsi qu'on comprendra un *autem* qui, surgissant de nulle part, articule plus harmonieusement sans doute que la rédaction manuscrite, la fin du § 92. On pourra dire que cette édition est un témoignage des derniers feux de la philologie « préscientifique », alors même que le cardinal savait utiliser les moyens de la chimie moderne pour accéder aux textes grattés.

Miller, archiviste paléographe en poste à la Bibliothèque nationale, avait repéré, dans le temps que paraissait l'édition romaine, un autre manuscrit contenant la grammaire : celui de Paris. Il dit un mot de son utilité pour établir le texte seulement à la fin (p. 576-579) de son compte rendu global du volume de la *Noua bibliotheca*, paru dans la livraison de septembre 1853 du *Journal des savants* (p. 564-579). Il publiait la partie la moins lisible pour Mai, soit § 1-6 + les deux premières phrases du § 7, le tout accompagné de sept remarques philologiques. Enfin, il notait plus généralement que le texte gagnerait à être réédité à l'aide de ce manuscrit, donnant comme preuves une variante *facit* au § 83, et surtout une correction personnelle rendue possible grâce au texte, fautif, de P : *tantae est uis* au § 61 – correction qui sera reprise d'ailleurs par Weber. De cette approche en forme d'invitation, les lecteurs pouvaient retirer sans doute l'essentiel, l'abandon – toutefois, Miller ne se prononçait point – de la référence à « Pierre de Milan », au profit d'un moins suggestif *pro fratrum mediocritate breuiata*, mais la proposition d'une exploitation de P devait rester sans écho.

Karl Friederich Weber se lança, moins de dix ans après Mai, dans une nouvelle édition. Sans doute était-il sensible aux insuffisances de l'édition *princeps*, mais surtout, il disposait pour l'améliorer d'un troisième témoin, sous la forme d'une copie prise à Bruxelles par Theodor Oehler, qui l'avait communiquée au philologue Friedrich Osann (1794-1858). La mort de ce dernier devait laisser Weber en charge de l'édition, qu'il procura, remarquons-le, sans accès direct aux trois manuscrits car, pas plus qu'il ne fit le voyage de Bruxelles, il n'alla à Rome vérifier le texte de Mai – il en aurait été bien inspiré –, ni surtout à Paris consulter le manuscrit signalé à cet usage !

Son édition consigne soigneusement les leçons du manuscrit B, qu'il a tendance à privilégier par rapport au texte de Mai, il est vrai parfois obscur. Cette attitude générale est confortée par le fait que Weber ne distingue pas V des lectures de Mai et (ou) de la typographie défaillante. L'état du texte de l'édition qu'il consulte ne fait qu'ajouter la suspicion au désir naturel, dont il est animé, de faire « rendre » au mieux le nouvel élément qu'il apporte au dossier. Attribuant largement à V ce qui est imprimé, il s'abuse donc sur *ut* devant *scribor* (§ 48), *genus* (§ 61), et l'ajout de *autem* (§ 92), pour ne prendre que quelques exemples[1]. Pour le reste, il privilégie largement B. Plus soucieux enfin que le cardinal Mai relativement à la correction syntaxique du latin, il n'hésite pas à intervenir contre les manuscrits B et, croit-il, V en corrigeant *terminatur* (§ 18), *ratione* (§ 21), *demonstretur* (§ 21), *haberi* (§ 56), *percurras* (§ 82). Même, d'après le texte de la *Vulgate* dans son édition post-tridentine, il rétablit *manent* (§ 7), ce que le cardinal ne s'était pas obligé à faire. D'autres interventions, moins indifférentes quant au contenu, sont bienvenues : *alias* (§ 23), *cuia* (§ 25), *este sint* (§ 73), *primae* (§ 79), *cultus*

1. Quelquefois, il fait bien de suivre Mai contre B... et V, sans toutefois le savoir : cf. *demonstretur* (§ 23), *imperitorum* (46) ou *manet* (§ 51)...

(§ 88)... On regrettera cependant qu'ayant cru bon de tenir compte de la ponctuation à l'antique figurant dans B (mais sur laquelle il n'intervient jamais), il ait haché son texte en unités typographiques rien moins que naturelles pour les lecteurs modernes.

Keil (*GL* V, 1868, p. 494-496,12) a repris de l'édition Weber (« Weberi copiis usus sum », p. 492) seulement des extraits : la définition de la grammaire (§ 1), le traitement du pronom *cuius* (§ 39), les formes casuelles de *esse* (§ 76), la distinction participe / nom « participial » (§ 88 et 89), la *potestas* des conjonctions (§ 90). Il justifie son refus de reprendre le traité dans son ensemble par le peu d'intérêt qu'il y trouvait en dehors des passages qu'il propose. Mais c'est sa curiosité piquée par le mot punique qui nous vaut sans doute le § 101. Sa copie, qui modernise la ponctuation, est négligente quand elle oublie un mot (*temporibus*, § 76), en ajoute un (*et*, § 88), ou normalise une orthographe tardive (*repperiantur,* § 39), mais le grand philologue ne se prive pas d'intervenir, et l'on retient de lui deux conjectures brillantes dans le § 90 : *quo quaeque loco*, bien meilleur que *quoque quo loco* de Weber (et de *P*, qu'il ignorait)[1] et la très économique *adde orationi* pour *adeo / ideo rationi*, qui répond bien, dans le texte, à *detrahere studes*.

L'édition récente (éd. Città Nuova, 2004, 123-181), due à Antonio Pieretti, ne se donne pas pour but l'établissement du texte sur de nouveaux frais. Elle reprend celui de Weber, sans les propositions de Keil relatives aux § 90 et 101. On y trouve des erreurs matérielles (omission d'un *ut* dans ce qui est notre § 38 ; *futuro* devenu *futuri* § 64 ; *singola* pour *singula* § 99) très dévalorisantes ; surtout, la ponctuation de Weber est conservée, d'où un texte haché que l'éditeur n'a eu que plus de mérite à traduire. L'apparat critique de Weber est repris d'une façon sélective, sans vérification – mais il est vrai que le propos de l'édition Pieretti, dans ce volume de l'édition

1. Les manuscrits offrant *quoque quae loca*, pourtant incompatible avec *soleat* qu'ils avaient plus loin, Weber corrigeait du coup le verbe en *soleant*.

des œuvres de saint Augustin intitulé *Enciclopedia*, et qui regroupe avec notre grammaire les *Regulae*, le *De rhetorica* et de *De dialectica*, n'est pas philologique, mais exégétique. La nouveauté de Pieretti réside dans une traduction moderne, méritoire on l'a dit, et un appareil de soixante-trois notes de commentaire, dont le caractère parfois plus argumentatif que technique n'est pas annulé par le commentaire que nous fournissons. On y trouvera en particulier des références littéraires utiles.

4.2. *La présente édition*

Notre édition est la première où P ait été collationné systématiquement. Cela nous a conduit à rééquilibrer le rapport entre les manuscrits, étant donnée la plus grande fréquence d'un accord de P avec V contre B, que de V avec B, qui le corrige souvent, contre P. Nous espérons avoir échappé cependant à la tendance conduisant à privilégier le « nouveau » manuscrit, P, contre les éditions précédentes. De fait, le rapport qu'on devine entre les manuscrits nous incitait à revenir, quoique prudemment, au texte de V quand nous ont été signalés les travaux menés en parallèle par le récent éditeur des *Regulae*, Luca Martorelli. L'amabilité avec laquelle ce jeune collègue nous a communiqué ses recherches, regroupées en un article alors en cours d'examen par un comité de lecture, nous a permis de trouver dans bien des cas un écho favorable à nos intuitions, et nous avons adopté sans hésitation quelques unes de ses conjectures, certaines particulièrement brillantes[1]. Nous sommes heureux de laisser, grâce à cette édition, une trace durable de la reconnaissance que nous avons envers lui.

Voici la liste des leçons où, soit de notre fait, soit encouragé par les lectures de Keil, Vivien Law 1984 et surtout Luca Martorelli 2012, nous nous éloignons de Weber – entre parenthèses, on indique le promoteur rencontré ou suivi :

1. Ainsi § 21, 48 et 94.

3 – quod ad sexum (M).

4 – quo quaeque (M), communione *bis* (M)

7 – aliud (M), etiam (M), priorem (L), agnoscere (L), quoniam (L), connumerata fuerat (L)

8 – in utique (M)

10, 11 et 13 – *genetiuo*, etc. (M)

13 – *deleui* et pluralis (M)

14 – *deleui* et *ante* casu (M)

17 – et *ante* Iuppiter *et* sponte (M)

20 – quia (M)

21 – ma (M), physema, *etc.* (M), faciant (M)

22 – plene (L)

23 – sunt (M) alias

24 – et figura (M)

26 – magistri (M)

37 – *post* numeri utriusque *deletum* (M)

48 – quo (M), ut *ante* scribor (M)

53 – uero *ante* e correptam (M), quartam (M), monebo (M), a prima, *etc.* (M)

56 – ad secundam et tertiam personam (M), addant *ter* (M), singulariter (M), pluraliter (M)

57 – omnibus uerbis (M)

61 – genus (M)

67 – ut scribendus (M)

69 – infinito (M)

78 – infiniti (M)

81 – futurum (M), praeteritum (M)

82 – percurres (M)

84 – Romae (M)

90 – quo quaeque loco (K), adde orationi (K)

91 – at (M)

92 – *post* respondere autem *deletum* (M)

93 – adiuuandas (M)

94 – citra (M), lacum (M)

100 – retracta (M), transmutatione (M)

101 – superest (K)

103 – dignus (M), datiuo casui (M)

Dans quelques cas, la leçon est éditée sous notre seule responsabilité :

30 – uel ii
36 – qui
37 – *ante* quotus sunt *deleui*
39 – auctoris
69 – appellanda, sed
70 – *in loco desperato aliqua deleui uerba* ; *cf. comm. ad* 70.2
78 – *post* dicitur a *deleui*
88 – a uerbo color, praeterita
93 – diduco
102 – bdellas, carica, enuntiatum
103 – Verba quae genetiuo casui conueniunt, accusatiuo casui, Verba ablatiuo casui

Pour la traduction, nous avons bien sûr profité de l'interprétation de Pieretti. Nous pensons enfin que le commentaire attaché aux notes fournira un éclairage propre à enrichir la lecture. Nous avons voulu y remettre dans le contexte technique où ils s'inséraient des propos parfois déconcertants pour les modernes. Souligner les marques de l'histoire mouvementée du texte, dégager les traits conservant l'originalité de la pensée initiale ont été nos autres soucis dans un travail que nous n'espérons pas trop en deçà de la curiosité des lecteurs qui attendent – légitimement – beaucoup d'un esprit aussi riche que celui d'Augustin d'Hippone[1].

1. Au moment de livrer ce travail aux lecteurs, nous voudrions remercier tout particulièrement Emmanuel Bermon, professeur de philosophie à l'Université de Bordeaux, qui fut au début d'une entreprise qui lui doit la réflexion d'un spécialiste de saint Augustin et l'essentiel de la traduction. Notre gratitude va aussi à Alessandro Garcea, savant et précieux réviseur.

ABRÉVIATIONS BIBLIOGRAPHIQUES

Bischoff 1994 = B. Bischoff « Paleography and the Transmission of Classical Texts on the Early Middle Ages », *in* M. M. Gorman ed., *Manuscripts and the Libraries in the Age of Charlemagne*, Cambridge, 1994, 115-133.

Guerreau-Jalabert 1982 = Abbon de Fleury, *Questions grammaticales*. Texte établi, traduit et commenté par Anita Guerreau-Jalabert (coll. ALMA), Paris, 1982, 335 p.

Law 1984 = V. Law, « St Augustine's *De grammatica* : Lost or Found ? », in *Recherches augustiniennes* 19, 1984, 155-183.

Law 1990 = V. Law, « *Auctoritas*, *consuetudo* and *ratio* in st. Augustine's *Ars grammatica* », in Sv. Ebbesen (éd.), *De ortu grammaticae*, Amsterdam-Philadelphie, 1990, 191-207.

Martorelli 2011 = Ps. Aurelii Augustini *Regulae*. Introduzione, testo critico, traduzione e commento a cura di Luca Martorelli (Bibliotheca Weidmanniana VI: Collectanea Grammatica Latina 7), Hildesheim, 2011, cxv-348 p.

Martorelli 2012 = L. Martorelli, « Contributo al testo dell'*Ars breuiata* di S. Agostino », in Accademia delle Scienze di Torino, *Memorie della Classe di Scienze Morali*, Serie V, vol. 35-36, 2011-2012, 249-295.

Marrou 1958 = H.-I. Marrou, *Saint Augustin et la fin de la culture antique*, Paris, 1958.

Miller 1853 = E. Miller, compte rendu de *Patrum noua bibliotheca*, in *Journal des savants* 1853, 564-579.

Pizzani 1983 = U. Pizzani, « Proposta di recupero di una glossa punica nell'*Ars breuiata* attribuita a S. Agostino », in *Atti del primo congresso internazionale di studi punici e fenici*, Rome, 1983, 897-902.

Pizzani 1985 = U. Pizzani, « Gli scritti grammaticali attribuiti a S. Agostino », in *Augustinianum* 25 [*Miscellanea di studi agostiniani in onore di P. Agostino Trapè*], 1985, 361-383.

Pizzani 1987 = U. Pizzani, « L'enciclopedia agostiniana e i suoi problemi », in *Atti del congresso internazionale su S. Agostino nel*

XVI centenario della conversione, Roma, 15-20 settembre 1986, Rome, 1987, I, 331-361.

Reijnders 1971 = « Aimeri, *Ars lectoria* », ed. H. F. Reijnders, in *Vivarium* IX, 1971, 119-137 X, 1972, 41-101 et 124-176.

Stoppacci 2010 = Cassiodoro, *De orthographia*. Tradizione manoscritta, fortuna, edizione critica a cura di Patrizia Stoppacci, Florence, 2010.

CONSPECTVS SIGLORVM

Codices

B Bruxellensis 9581-95, saec. IX med.

P Parisiensis 7520, saec. IX des.

V Vaticanus Palatinus 1746, saec. IX in.

Siglis illis tum usus sum cum discrepant auctores a codicibus vel editione quae eis in promptu erant

k excerpta editionis Weberianae ab H. Keil in vol. V^{to} collectionis *Grammaticorum Latinorum*, (a. 1868), paginis 494-496, edita. Conueniunt nostris § 1, 39, 76, 88-89, 90, 101.

law lectiones haustae ex articulo ab Vivien A. Law a. 1984 edito, de quo uide bibliographiam.

m principalium rigarum editio ab E. Miller in *Journal des savants* 1853 procurata ex P codice, qua suppeditat Maianam editionem codicis ibi corrupti, usque ad § 7, aliis lectionibus etiam additis ; de qua uide bibliographiam.

mai editio princeps, a cardinali A. Mai a. 1852 procurata ex V codice. Memoratur tantum cum a textu V codicis discrepat.

mar lectiones propositae in articulo scripto a Luca Martorelli atque nuper edito Augustae Taurinorum (de quo uide bibliographiam), quem benigne mihi suppeditus est auctor ante quam fuit sub prelo.

oehl lectiones apographi B codicis ab Oehlberg perfecti, quod F. Osann traditum penes Weber denique uenit.

w editio a K. F. Weber procurata qui Mai, m et B recensuit. Memoratur tantum cum priorum editionum ab alterutra uel a textu B codicis discrepat.

Distinctiones in codicibus scriptas, quas seruauit editio Weberiana, praetermisi ut plures nulla uel potius falsa ratione positas.

ABRÉGÉ
DE LA GRAMMAIRE
DE SAINT AUGUSTIN

ARS SANCTI AVGVSTINI
PRO FRATRVM
MEDIOCRITATE
BREVIATA

ABRÉGÉ DE LA GRAMMAIRE DE SAINT AUGUSTIN

ADAPTÉ À L'INSUFFISANCE DES FRÈRES[1]

1. [I 1] Le bon usage est l'observance d'un langage sans défaut conforme à la langue de Rome[1]. Il admet trois critères : la raison, l'autorité et l'usage courant. La raison se conforme à l'art ; l'autorité, aux écrits de ceux dont on a reconnu l'autorité ; l'usage courant, aux façons de parler qui ont été admises et adoptées par la pratique de la langue.

LES PARTIES DU DISCOURS[1]

2. [I 2] Il y a huit parties du discours : le nom, le pronom, le verbe, l'adverbe, le participe, la conjonction, la préposition et l'interjection[2].

ARS SANCTI AVGVSTINI PRO FRATRVM MEDIOCRITATE BREVIATA

1. Latinitas est obseruatio incorrupte loquendi secundum Romanam linguam. Constat autem modis tribus, id est ratione, auctoritate, consuetudine : ratione secundum artem, auctoritate secundum eorum scripta quibus ipsa est auctoritas adtributa, consuetudine secundum ea quae loquendi usu placita adsumptaque sunt.

DE PARTIBVS ORATIONIS

2. Partes orationis sunt octo : nomen, pronomen, uerbum, aduerbium, participium, coniunctio, praepositio, interiectio.

INCIPIT ARS SANCTI AVGVSTINI PRO FRATRVM MEDIOCRITATE BREVIATA *B P m w* : ars sancti augustini *tantum distincte legitur in V, aliquot litteris post discretis, e quibus* episcopi ad Petrum Mediolanensem *finxit mai* || **1.** est *V B m* : *om. P* || incorrupte *V m w* : interrupte *B P* || artem *B P erasum in V* || scripta *V a.c. B P w* : praescripta *V p.c. mai m* || ipsa est *B P erasa in V* || adtributa *B P w* : adtribuat *legit mai in V* || secundum ea *B P erasa in V* || placita — sunt *erasa in V* || adsumptaque *B w* : adsumpta *P m* || **2.** *Titulus sic scriptus B* : incipit *ante titulum V P* || de nomine *post titulum V mai* : *m infra remou. w secutus æhl.*

LE NOM

3. [II 1] Le nom est une partie du discours pourvue d'un cas, sans temps, signifiant de façon complète des choses qui sont énoncées avec un certain genre qui se rapporte au sexe[1]. Car, bien que le genre neutre ne soit ni masculin ni féminin, comme il est marqué sans recourir à l'un ou l'autre des deux sexes, il a de ce fait même un titre à être compté comme un genre. Le nom admet de nombreux accidents, mais ceux qui sont surtout dignes d'attention sont la qualité, le genre, le nombre, la comparaison, la figure et le cas[2].

4. [II 2] S'agissant de sa qualité, on considère si le nom est propre ou appellatif[1]. Est propre ce qui permet de mettre toute chose à part, dans la mesure du possible, de la communauté de toutes les autres. Est appellatif ce qui est commun avec de nombreuses choses. *Ciuitas* [cité][2] est le nom commun à de nombreuses cités, c'est pourquoi c'est un appellatif. Mais lorsque nous disons *Roma*, nous séparons Rome de la communauté de toutes les autres cités ; c'est pourquoi c'est un nom propre. De la même façon, *fluuius* [fleuve] est un appellatif, tandis que *Tiberis* [Tibre] est un nom propre ; et *homo* [homme] est un appellatif, tandis que *Cicero* [Cicéron] est un nom propre.

5. [II 3] Il y a trois genres simples de noms[1] : le masculin, comme *uir* [homme], le féminin, comme *mulier* [femme] et le

DE NOMINE

3. Nomen est pars orationis cum casu sine tempore significans plene quae aliquo genere quod ad sexum adtinet enuntiantur. Quamquam enim genus neutrum nec masculinum nec femininum sit, tamen quia negato utroque sexu signatur, ex eo ipso habet causam ut inter genera nominaretur. Nomini accidunt multa sed animaduersione maxime digna sunt qualitas, genus, numerus, comparatio, figura, casus.

4. In qualitate consideratur utrum sit proprium an appellatiuum. Proprium est quo quaeque res a ceterarum omnium quantum potest communione secernitur ; appellatiuum quod commune cum multis est. Nam *ciuitas* multarum ciuitatum commune nomen est, et ideo appellatiuum est. « Roma » uero cum dicimus a ceterarum eam communione seiungimus ; itaque hoc nomen proprium est. Sic et *fluuius* appellatiuum *Tiberis* proprium, et *homo* appellatiuum *Cicero* proprium.

5. Genera nominum simplicia tria sunt : masculinum ut *uir*, femininum ut *mulier*, neutrum ut *scrinium*.

3. *Titulum add. inter uncinos w ex oehl om. B P* || nomen — 5 uarie *erasa in V* || cum *P w om. B* || sine *P w om. B* || plene quae *P w* : pleneque *B* || quod ad sexum *P mar* : quo de sexum *B* quod sexum *w* || adtinet *m w* : adtenet *B* || enuntiantur *m w* : enunciatur *B P* || sit *P w* : sed *B* || quia *B* : qui a *P* || negato *P w* : negotio *B* || sexu *P w* : sexus *B* || nomini *B P p.c. uoluit m* : nomina *P a.c. scripsit m* || accidunt *P w* : accedunt *B* || maxime *B uoluit m* : maxima *P scripsit m* || **4.** proprium *P w* : propriae *B* (propria *legit w*) || quo quaeque *mar* : q q̄que *B* quoque quae (qua *coni. m*) P quaecumque *ex oehl w* || ceterarum : cetererarum *P a.c.* || communione *P mar* : commune *B w* || Roma *B w* : romam *P* || communione *P* : commune *B w* || nomen *P* : nom *B*.

neutre comme *scrinium* [bureau]. Trois autres genres résultent de leurs différentes combinaisons : le genre commun aux deux sexes, comme *hic* et *haec homo* [l'être humain][2] ; celui qui est commun au masculin et au neutre, comme *hic* et *hoc uictor* [le vainqueur], car nous disons *uictor iuuenis*, *uictor numen* [un jeune vainqueur, un dieu vainqueur] – au féminin : *uictrix* ; le genre commun à tous les genres, comme *hic* et *haec* et *hoc felix* [l'homme/la femme/la chose heureuse][3]. Certains noms sont aussi dits épicènes[4], lorsque l'un et l'autre sexe sont compris dans un seul genre. Car nous disons *hic passer* [le moineau], qu'il s'agisse d'un mâle ou d'une femelle, et *haec aquila* [l'aigle], même s'il ne s'agit pas d'une femelle. Mais ces noms ne constituent pas un genre supplémentaire parce qu'ils ont été rattachés soit au genre masculin soit au genre féminin.

6. [II 4] Il y a deux nombres : le singulier, comme *hic uir* [l'homme], et le pluriel, comme *hi uiri* [les hommes][1].

7. [II 5] Il y a trois degrés de comparaison : le positif, comme *iustus* [juste], le comparatif, comme *iustior* [plus juste] et le superlatif, comme *iustissimus* [le plus juste][1]. À l'aide du positif se forme une comparaison pour montrer une égalité, comme lorsque nous disons : « Celui-ci est aussi juste que celui-là » ; c'est pourquoi il entraîne le nominatif. En revanche, dans le cas du comparatif et du superlatif, il n'y a pas d'égalité mais

Ex his uarie coniunctis fiunt alia tria : commune utriusque sexus ut *hic* et *haec homo*, commune ex masculino et neutro ut *hic* et *hoc uictor* : dicimus enim « uictor iuuenis, uictor numen » (feminino enim *uictrix* facit) ; commune omnium generum, ut *hic* et *haec* et *hoc felix*. Dicuntur quaedam etiam promiscua, quando uno genere uterque sexus includitur. Nam « hic passer » dicitur, siue masculus siue sit femina, et « haec aquila » etiamsi non sit femina. Sed ideo non adnumerantur quia uel masculino uel feminino generi adtributa sunt.

6. Numeri sunt duo : singularis ut *hic uir*, pluralis ut *hi uiri*.

7. Comparationis gradus tres sunt : positiuus ut *iustus*, comparatiuus ut *iustior*, superlatiuus ut *iustissimus*. Per positiuum fit comparatio ut aequalitas quaedam ostendatur, ut cum dicimus « tam est hic *iustus* quam ille », et ideo nominatiuum casum regit. In

5. uarie *w* : uariae *B P m dubitanter* || alia tria *B P* : aliaque *mai ex V* || utriusque — homo *B P erasa in V* || ut hic — enim uictor *B P erasa in V* || enim *P w* : omnes enim *B* || iuuenis *P w* : inuenis *B* || numen *B w* : nomen *P erasum in V* || feminino (*de quo* femin *tantum superest in V*) — commune *B P erasa in V* || omnium generum *B w* : omnibus generibus *P m* tribus generibus *mai* ...bus generibus *mar ex V* || ut *V P w om. B* || felix *B P erasum in V* || dicuntur *B P* : dicunt *mai ex V* || quaedam *B P m* : quidem *mai ex V* || promiscua quando *B P erasa in V* || uno *B P* : ro *tantum mai ex V* || includitur *erasum in V* || sit femina *V B w* : femina sit *P m* || etiamsi *V P w* : si *B* || ideo non adnumerantur *B P erasa in V* || uel[1] *om. P a.c.* || sunt *B P erasum in V* || **6.** Numeri sunt *B P erasa in V* || ut hic uir *B P erasa in V* || **7.** Comparationis gradus *B P* : compar... *mar ex V* conputantur *mai* || tres sunt *V B* : sunt tres *P* || Per (prae *B*) — ut *erasa in V* || comparatio *P w* : comparatiuo *B* || ostendatur — dicimus *erasa in V* || ut cum dicimus *P w om. B* || tam *B P* : cima est *mai ex V* || hic — ille *erasa in V* || regit *B P erasum in V* || in *B P erasum in V*.

une chose l'emporte sur une autre, de façon telle cependant que le comparatif entraîne l'ablatif – parfois[2] il entraîne aussi le génitif pluriel, comme lorsque nous demandons, au sujet de trois évêques : *quis illorum prior est* ? [lequel est le plus important parmi eux ?], en voulant par là en reconnaître un, parmi ces trois, qui soit plus important. Si en revanche nous disons : *quis illis prior est* ? [qui est plus important qu'eux ?], nous paraissons nous enquérir de je ne sais quelle quatrième personne, plus importante que ces trois-là. De là vient que l'Apôtre Paul lui aussi, comme il disait : « manent autem fides spes caritas tria haec » [ces trois choses demeurent : la foi, l'espérance et la charité] [1 Cor 13, 13], ajouta, puisque la charité avait déjà été comptée parmi les trois : « maior autem horum caritas » [la plus grande de ces choses, c'est la charité]. Car s'il disait : *maior autem his caritas* [la charité est plus grande que ces choses-là], il paraîtrait introduire une autre charité, comme une quatrième chose, qu'il ferait passer avant les trois qu'il a mentionnées, à savoir la foi, l'espérance et la charité. Certains, qui n'étaient guère capables de comprendre son raisonnement, ont corrigé dans certains manuscrits en *maior autem his est caritas* [mais plus grande qu'elles est la charité] –, lorsque nous disons par exemple *iustior hic illo* [celui-ci est plus juste que celui-là], et le nominatif, lorsque nous disons par exemple *iustior hic quam ille* [celui-ci est plus juste que n'est celui-là]. Ensuite, on ne compare pas seulement par rapport au genre auquel appartient une chose, comme : *uelocior homo homine* [un homme plus rapide qu'un homme], mais aussi par rapport à un autre genre, comme : *uelocior lepus homine* [le lièvre est plus rapide que l'homme] ; et un singulier peut être comparé à un pluriel, comme : *hic fortior est illis* [celui-ci est plus cou-

comparatiuo autem et superlatiuo non est aequalitas sed aliud alii praeponitur, ita tamen ut comparatiuus ablatiuum casum regat — aliquando etiam genetiuum pluralem regit, ut cum de tribus episcopis interrogamus « quis illorum prior est ? », unum de ipsis tribus priorem uolentes agnoscere. Si autem dicamus « quis illis prior est ? », nescioquam personam quartam uidemur inquirere quae illis tribus prior est. Vnde etiam Paulus apostolus cum diceret : « manent autem fides spes caritas tria haec », quoniam caritas inter tria iam connumerata fuerat, dixit : « maior autem horum caritas ». Nam si diceret : « maior autem his caritas », aliam caritatem quasi quartum aliquid inducere uideretur, quod tribus dinumeratis, id est fidei et spei et caritati, praeponeret. Cuius rationis minus capaces quidam in aliquantis codicibus emendauerunt *maior autem his est caritas* —, ut cum dicimus « iustior hic illo », et nominatiuum, ut cum dicimus « iustior hic quam ille ». Deinde, non solum suo generi, uelut « uelocior homo homine », sed alieno etiam comparatur, ut « uelocior lepus homine » ; et singularis plurali,

comparatiuo : *hic incipit V integer licet in initio uix legatur* || superlatiuo : *hic desinit m* || aliud *V p.c. P mai mar* : alus *V a.c.* alius *B w* || ita tamen *B P om. mai ex V* || etiam *V P mar* : autem *B w* || episcopis *V B P w* : doctis *e test. Abbonis mai* || quis *V P w* : quos *B* || prior *V B* : priorum *P* || priorem *V P law* : priorum *B w* || agnoscere *V P law* : cognoscere *B w* || dicamus *V p.c. B P mai* : dictamus *V a.c.* || quis *V P w* : quos *B* || uidemur *mai contra V w* : uidetur *V B P law* || illis tribus *B w* : tribus illis *V P law* || manent *corr. w secundum Bibliam vulgatam sixto-clementinam* : manet *V B P mai reluctans* || quoniam *V P law atque teste Clemente* : quod *B w* || connumerata fuerat *V P law atque teste Clemente* : numerata est *B w* || dinumeratis *V B w* : denumeratis *P* || uelocior : uelotior *V* || homo *om. P.*

rageux que ceux-là] ou *fortior quam illi* [plus courageux que ne sont ceux-là] ; et un pluriel peut être comparé à un singulier, comme : *hi fortiores illo* [ceux-ci sont plus courageux que celui-là] ou *quam ille* [que n'est celui-là]. Quant au superlatif, premièrement il est comparé seulement par rapport au genre auquel il appartient, deuxièmement il est comparé uniquement au moyen du génitif pluriel[3] ; car nous ne pouvons pas dire *uelocissimus equus* [le cheval le plus rapide] sans qu'il s'agisse du plus rapide des chevaux, ou dire *sapientissimus homo* [l'homme le plus sage], sans qu'il s'agisse du plus sage des hommes, et ainsi de suite ; ou bien un singulier est comparé à un pluriel, comme dans les exemples qui viennent d'être pris, ou bien on a un pluriel dans les deux cas, comme : *fortissimi homines hominum* [les hommes les plus courageux des hommes]. Parfois aussi, le superlatif s'accompagne d'un génitif singulier, lorsque ce génitif est certes au singulier pour l'oreille, mais qu'il est au pluriel pour l'esprit, comme lorsque nous disons : *fortissimus gentis illius* [le plus courageux de son peuple]. De là vient que le poète ait dit [*En.* I 96], lui aussi : « Ô fils de Tydée, toi le plus courageux du peuple des Grecs ».

8. [II 6] La figure des noms est ce en vertu de quoi un nom est considéré comme simple ou comme composé. Un nom est composé lorsque, unique, il résulte de deux ou de plusieurs parties du discours, comme lorsque nous disons *ineptus* [maladroit] ou *inexpugnabilis* [imprenable][1]. Car le premier nom est formé de deux parties du discours, le second, de trois. Assurément, les éléments[2] dont sont composés les noms sont soit tous intacts, soit tous altérés, soit en partie intacts et en partie altérés. Je dis qu'ils sont altérés lorsqu'ils perdent, en vertu de la composition même, leur forme originale, sans faire pour

ut « hic fortior est illis » aut « fortior est quam illi », et pluralis singulari, ut « hi fortiores illo » uel « quam ille ». Superlatiuus uero et tantummodo suo generi comparatur et non nisi per genetiuum pluralem : non enim possumus dicere « uelocissimus equus » nisi equorum aut « sapientissimus homo » nisi hominum, et similia. Siue singularis plurali comparatur, ut ea quae dicta sunt, siue utrumque plurale sit, ut « fortissimi homines hominum ». Aliquando etiam genetiuum singularem sequitur, cum idem genetiuus sono quidem singularis, intellectu autem pluralis est, ut cum dicimus « fortissimus gentis illius », unde etiam ille dixit :

O Danaum fortissime gentis Tydide.

8. Figura nominum est per quam consideratur utrum simplex an compositum nomen sit. Est autem compositum nomen cum fit unum ex duabus uel pluribus partibus orationis, ut cum dicimus *ineptus* uel *inexpugnabilis*. Nam illud de duabus, hoc ex tribus partibus orationis confectum est. Sane particulae quibus nomina componuntur aut integrae sunt omnes, aut corruptae omnes, aut partim integrae partim corruptae. Corruptas dico quando per ipsam compositionem integritatem amittunt, nec ex eo tamen minus

quam illi *V P w* : quam ille *B* || hi *P w* : hii *V B mai* || et *ante* tantummodo *om. P* || *ante* suo singulari *P* || fortissimi *V P w* : fortissime *B* || Danaum *B mai* : donaum *V* danau *P* || **8.** per quam *V P w* : per quem *B* || sit *om. V a.c.* || sane *V P uoluit oehl w* : sana *B* || corruptae[2] *V w* : correptae *P* || corruptas *V P w* : corruptus *B* || amittunt *V p.c. B mai* : ammittunt *V a.c. P*.

autant que le nom soit moins latin. Car lorsqu'on dit *ineptus*, *in* est assurément latin, même si *eptus* n'est pas latin ; cela vient du fait qu'*aptus* a été altéré. C'est pourquoi si quelqu'un disait, non pas *ineptus*, mais *inaptus*, le nom serait d'autant moins latin qu'il n'aurait subi aucune altération.

9. [II 7] Le cas est un certain degré de déclinaison lié à un changement de la dernière syllabe[1]. Il y a six cas : le nominatif, le génitif, le datif, l'accusatif, le vocatif, l'ablatif. Le nominatif est le cas devant lequel on peut mettre *hic* [le] ou *haec* [la] ou *hoc* [le, neutre] ; le génitif, devant lequel on peut mettre *huius* [du/de la] ; le datif, devant lequel on peut mettre *huic* ; l'accusatif, devant lequel on peut mettre *hunc*, *hanc* ou *hoc* ; le vocatif, devant lequel on peut mettre *o* ; l'ablatif, devant lequel on peut mettre *ab hoc* ou *ab hac* ou *ab hoc*. Tout cela, quand le nombre est le singulier, car au pluriel, on met *hi*, *hae* et *haec* devant le nominatif ; au génitif, *horum*, *harum* et *horum* ; au datif, *his* ; à l'accusatif, *hos* ou *has* ou *haec* ; au vocatif *o* ; à l'ablatif, *ab his*. Certains ajouteraient volontiers un autre cas, qu'ils appellent le septième[2], par exemple lorsque nous disons *uirtute beatus* [heureux par sa vertu] et *naui uectus* [transporté en bateau], c'est-à-dire *per uirtutem* et *per nauem*, et autres expressions semblables.

10. [II 8] Les noms se déclinent donc de la façon suivante : *Tullius* [Cicéron] est un nom propre du genre masculin, dont le nombre est le singulier, dont la figure est simple et dont le

Latinum nomen efficiunt. Nam cum *ineptus* dicitur, *in* utique Latinum est, et tamen *eptus* Latinum non est : ex eo enim quod est *aptus* corruptum est. Si quis itaque non diceret *ineptus* sed *inaptus*, eo minus Latinum nomen esset quod corruptum nihil haberet.

9. Casus est gradus quidam declinationis mutatione nouissimae syllabae. Casus sunt sex : nominatiuus, genetiuus, datiuus, accusatiuus, uocatiuus, ablatiuus. Nominatiuus est cui praeponi potest *hic* aut *haec* aut *hoc*. Genetiuus cui praeponi potest *huius*. Datiuus cui praeponi potest *huic*. Accusatiuus cui praeponi potest *hunc*, *hanc* uel *hoc*. Vocatiuus cui praeponi potest *o*. Ablatiuus cui praeponi potest *ab hoc* uel *ab hac* uel *ab hoc*. Hoc autem in numero singulari : nam in plurali *hi* et *hae* et *haec* in nominatiuo praeponitur, genetiuo *horum* et *harum* et *horum*, datiuo *his*, accusatiuo *hos* uel *has* uel *haec*, uocatiuo *o*, ablatiuo *ab his*. Sunt qui alium casum uelint adiungere, quem septimum uocant, ut cum dicimus « uirtute beatus » et « naui uectus », id est « per uirtutem » et « per nauem » et similia.

10. Ergo nomina hoc modo declinantur : *Tullius* nomen proprium generis masculini numeri singularis figurae simplicis casus nominatiui quod declinabitur

efficiunt *V P w* : officiunt *B* || in utique *V B P mar* : id utique *mai w* || *post* est et — non est *in marg. inf. add. V p.c.* || corruptum *V P w* : corruptus *B* || quod *ante* corruptum *w* : qua *B* quo *P* si *V* || **9.** uocatiuus *om. P* || hoc : ho *B* || *post* genetiuus est *add. mai* || post accusatiuus cui — potest o *om. B* || hi : hii *B* || hae : haee *V mai reluctans* || praeponitur *B w* : praeponuntur *V P* || datiuo : datiuus *B* || accusatiuo : accusatiuus *B* || uel has *V B* : et has *P* || uocatiuo : uocatiuus *B* || ablatiuo : ablatiuus *B* || sunt qui : sunt que *B* || uelint *B w* : uellint *V* (*ex quo* uellent *mai*) *P* || nauem *B P* : naû *V* nauim *mai* || **10.** singularis : singulari *B*.

cas est le nominatif. On le déclinera ainsi : au nominatif singulier, *hic Tullius* ; au génitif, *huius Tulli* ; au datif, *huic Tullio* ; à l'accusatif, *hunc Tullium* ; au vocatif, *o Tulli* ; à l'ablatif, *ab hoc Tullio.* Et pour le pluriel, au nominatif, *hi Tullii* ; au génitif, *horum Tulliorum* ; au datif, *his Tulliis* ; à l'accusatif *hos Tullios* ; au vocatif, *o Tullii* ; à l'ablatif, *ab his Tulliis.*

11. [II 9] Le féminin se décline de la façon suivante : *Tullia* [Tullia] est un nom propre du genre féminin, dont le nombre est le singulier, dont la figure est simple et dont le cas est le nominatif ou le vocatif. On le déclinera ainsi[1] : au nominatif singulier, *haec Tullia* ; au génitif, *huius Tulliae* ; au datif, *huic Tulliae* ; à l'accusatif, *hanc Tulliam* ; au vocatif, *o Tullia* ; à l'ablatif, *ab hac Tullia.* Et pour le pluriel, au nominatif *hae Tulliae* ; au génitif, *harum Tulliarum* ; au datif, *his Tulliis* ; à l'accusatif *has Tullias* ; au vocatif, *o Tulliae* ; à l'ablatif, *ab his Tulliis.*

12. [II 10] Le neutre se décline de la façon suivante : *scrinium* [bureau] est un nom appellatif du genre neutre, dont le nombre est le singulier, dont la figure est simple et dont le cas est le nominatif, l'accusatif ou le vocatif. On le déclinera ainsi : *hoc scrinium*, *huius scrinii*, *huic scrinio*, *hoc scrinium*, *o scrinium*, *ab hoc scrinio*. Au pluriel : *haec scrinia*, *horum scriniorum*, *his scriniis*, *haec scrinia*, *o scrinia*, *ab his scriniis*.

13. [II 11] Le nom commun qui est du genre masculin et du genre féminin se décline de la façon suivante : *homo* [être

sic : nominatiuo singulari *hic Tullius*, genetiuo *huius Tulli*, datiuo *huic Tullio*, accusatiuo *hunc Tullium*, uocatiuo *o Tulli*, ablatiuo *ab hoc Tullio*; et pluraliter nominatiuo *hi Tullii*, genetiuo *horum Tulliorum*, datiuus *his Tulliis*, accusatiuo *hos Tullios*, uocatiuo *o Tullii*, ablatiuus *ab his Tulliis*.

11. Femininum hoc modo : *Tullia* nomen proprium generis feminini numeri singularis figurae simplicis casus nominatiui et uocatiui quod declinabitur sic : nominatiuo singulari *haec Tullia*, genetiuo *huius Tulliae*, datiuo *huic Tulliae*, accusatiuo *hanc Tulliam*, uocatiuo *o Tullia*, ablatiuo *ab hac Tullia*; et pluraliter nominatiuo *hae Tulliae*, genetiuo *harum Tulliarum*, datiuo *his Tulliis*, accusatiuo *has Tullias*, uocatiuo *o Tulliae*, ablatiuo *ab his Tulliis*.

12. Neutrum hoc modo : *scrinium* nomen appellatiuum generis neutri numeri singularis figurae simplicis casus nominatiui et accusatiui et uocatiui, quod declinabitur sic : *hoc scrinium, huius scrinii, huic scrinio, hoc scrinium, o scrinium, ab hoc scrinio*. Pluraliter : *haec scrinia, horum scriniorum, his scriniis, haec scrinia, o scrinia, ab his scriniis*.

13. Commune generis masculini et feminini hoc modo : *homo* nomen appellatiuum, generis mascu-

huius Tulli *V B w* : huius tullii *P mai* || accusatiuo : accusatiuus *B* || uocatiuo : uocatiuus *B* || ablatiuo : ablatiuus *B* || et pluraliter — ab his Tulliis *om. P* || hi : hii *B* || his Tulliis : his tullius *B* || o Tullii *V w* : o tulli *B* || **11.** feminini : femininum *B* || singulari *om. P* || ablatiuo : ablatiuus *B* || et pluraliter — ab his Tulliis *om. P* || hae *mai* : haee *V* || **12.** et *add. supra lin. V* || accusatiui *add. supra lin. B* || huius scrinii : huius scrini *P* || huic scrinio : huic scrio *P* || hoc scrinium *acc. om. B* || *ante* pluraliter et *add. P* || his : hi *B* || o scrinia *V P w om. B mai.*

humain] est un nom appellatif du genre masculin et féminin, dont le nombre est le singulier, dont la figure est simple et dont le cas est le nominatif ou le vocatif. On le déclinera ainsi[1] : au nominatif *hic* et *haec homo* ; au génitif, *huius hominis* ; au datif, *huic homini* ; à l'accusatif, *hunc* et *hanc hominem* ; au vocatif, *o homo* ; à l'ablatif, *ab hoc* et *ab hac homine*. Et pour le pluriel, au nominatif *hi* et *hae homines* ; au génitif, *horum* et *harum hominum* ; au datif, *his hominibus* ; à l'accusatif, *hos* et *has homines* ; au vocatif, *o homines* ; à l'ablatif, *ab his hominibus*.

14. [II 12] Le nom commun au masculin et au neutre se décline de la façon suivante : *infector* [teinturier][1] est un nom appellatif du genre masculin et neutre[2], dont le nombre est le singulier, dont la figure est composée et dont le cas est le nominatif ou le vocatif. On le déclinera ainsi : au nominatif singulier, *hic* et *hoc infector* ; et à partir de là, *huius infectoris*, *huic infectori*, *hunc infectorem* et *hoc infector*, *o infector*, *ab hoc infectore* ; et au pluriel, *hi infectores* et *haec infectricia*, *horum infectorum*, *his infectoribus*, *hos infectores* et *haec infectricia*, *o infectores* et *infectricia*, *ab his infectoribus*.

15. [II 13] Le nom commun à tous les genres se décline de la façon suivante : *prudens* [prudent] est un nom appellatif de tous les genres, dont le nombre est le singulier, dont la figure est simple et dont le cas est le nominatif ou le vocatif. On le déclinera ainsi : *hic* et *haec* et *hoc prudens*, *huius prudentis*, *huic*

lini et feminini, numeri singularis, figurae simplicis, casus nominatiui et uocatiui, quod declinabitur sic : nominatiuo *hic* et *haec homo*, genetiuo *huius hominis*, datiuo *huic homini*, accusatiuo *hunc* et *hanc hominem*, uocatiuo *o homo*, ablatiuo *ab hoc* et *ab hac homine*, et pluraliter nominatiuo *hi* et *hae homines*, genetiuo *horum* et *harum hominum*, datiuo *his hominibus*, accusatiuo *hos* et *has homines*, uocatiuo *o homines*, ablatiuo *ab his hominibus*.

14. Commune ex masculino et neutro hoc modo : *infector* nomen appellatiuum, generis masculini et neutri, numeri singularis, figurae compositae, casus nominatiui et uocatiui, quod declinabitur sic : numero singulari casu nominatiuo *hic* et *hoc infector*, deinceps *huius infectoris*, *huic infectori*, *hunc infectorem* et *hoc infector*, *o infector*, *ab hoc infectore*; et pluraliter : *hi infectores* et *haec infectricia*, *horum infectorum*, *his infectoribus*, *hos infectores* et *haec infectricia*, *o infectores* et *infectricia*, *ab his infectoribus*.

15. Commune generis omnis hoc modo : *prudens* nomen appellatiuum, generis omnis, numeri singularis, figurae simplicis, casus nominatiui et uocatiui, quod declinabitur sic : *hic* et *haec* et *hoc prudens*, *huius prudentis*, *huic prudenti*, *hunc* et *hanc prudentem et*

13. *post* singularis et pluralis *w quod legitur in B tantum et post* uocatiui *una cum mar deleui* || casus *V P w om. B* || sic *V P w om. B* || hominem : hominom *P a.c.* || pluraliter *V P* : plural. *B* plurali *w* || nominatiuo[2] *B w om. V P* || hi *P w* : hii *V B mai* || *pro* hae *quod exhibet V* heic *legit mai et correxit* || accusatiuo hos — hominibus *om. B* || **14.** ex *B P w* : et *V* || neutro : neutrum *B* || infector : inpfector *B* || neutri : neutrum *B* || numero — casu *om. P* || *ante* casu et *B w negl. mar* || hi *V P w* : hii *B om. mai* || o infectores et infectricia *post* ab his infectoribus *V B recto loco posuit mai* || ab *om. P* || **15.** et hoc *acc. dupl. B*.

prudenti, *hunc* et *hanc prudentem* et *hoc prudens*, *o prudens*, *ab hoc* et *ab hac* et *ab hoc prudente* ; et au pluriel, *hi* et *hae prudentes* et *haec prudentia*, *horum* et *harum* et *horum prudentium*, *his prudentibus*, *hos* et *has prudentes* et *haec prudentia*, *o prudentes* et *prudentia*, *ab his prudentibus*.

16. [II 14] Il existe certains noms qui n'ont pas de flexions casuelles mais qui parcourent pourtant les cas[1]. Quels qu'ils soient, ils sont de tous les genres et se déclinent comme suit : *nequam* [vaurien] est un nom appellatif de tous les genres, de chacun des deux nombres, dont la figure est simple et qui est à tous les cas. On le déclinera ainsi : *hic* et *haec* et *hoc nequam*, et à partir de là, *huius nequam*, *huic nequam*, *hunc* et *hanc* et *hoc nequam*, *o nequam*, *ab hoc* et *ab hac* et *ab hoc nequam*. Et au pluriel, *hi* et *hae* et *haec nequam*, *horum* et *harum* et *horum nequam*, *his nequam*, *hos* et *has* et *haec nequam*, *o nequam*, *ab his nequam*.

17. [II 15] Il existe aussi des noms qui ne peuvent pas avoir de flexions casuelles et qui ne parcourent pas non plus les cas, mais qui demeurent à un seul cas déterminé ou à certains cas, mais pas à tous les cas, comme *instar* [la valeur], nom du genre neutre et du nombre singulier seulement, et seulement au cas du nominatif ou du vocatif ; ou *Iuppiter*, nom propre du genre masculin et du nombre singulier seulement, et seulement au cas du nominatif ou du vocatif ; ou *sponte* [d'après

hoc prudens, *o prudens*, *ab hoc* et *ab hac* et *ab hoc prudente*; et pluraliter : *hi* et *hae prudentes* et *haec prudentia*, *horum* et *harum* et *horum prudentium*, *his prudentibus*, *hos* et *has prudentes* et *haec prudentia*, *o prudentes* et *prudentia*, *ab his prudentibus*.

16. Sunt nonnulla nomina quae per casus non flectuntur sed tamen per casus currunt. Quaecumque autem generis omnis sunt et declinantur sic : *nequam* nomen appellatiuum, generis omnis, numeri utriusque, figurae simplicis, casus omnis, quod declinabitur sic : nominatiuo *hic* et *haec* et *hoc nequam*, et deinceps *huius nequam*, *huic nequam*, *hunc* et *hanc* et *hoc nequam*, *o nequam*, *ab hoc* et *ab hac* et *ab hoc nequam*; et pluraliter : *hi* et *hae* et *haec nequam*, *horum* et *harum* et *horum nequam*, *his nequam*, *hos* et *has* et *haec nequam*, *o nequam*, *ab his nequam*.

17. Sunt item quae neque flecti possunt, neque per casus currunt, sed in uno aliquo casu aut aliquibus, nec tamen omnibus casibus manent, ut *instar*, generis neutri et numeri tantum singularis, et casus tantum nominatiui et uocatiui; et *Iuppiter* nomen proprium generis masculini, numeri tantum singularis, casus tantum nominatiui et uocatiui; et *sponte* nomen appellatiuum, generis feminini, numeri tantum

o prudens *om. mai* || ab *ante* hac *omiserat P qui* hac *inceptum in* ab *uertit* || hi *V P mai w* : hii *B* || prudentibus[1] : prudentis *B* || prudentes[2] : prudentis *B* || prudentia[3] : o prudentia *P* / || **16.** omnis (nominis *B*) sunt *V B* : sunt omnis *P* || *post* omnis numeri singularis *add. P* || et *post* sunt *om. P* || sic nequam — declinabitur *om. B* || et deinceps *V B om. P* || huic : hic *V a.c.* || et haec[3] *supra lin. add. P* || **17.** et numeri *V P w om. B* || tantum *post* numeri *V B om. P* || *ante* iuppiter et *V P mar* : ut *B w* || *ante* sponte et *V P mar* : ut *B w* || appellatiuum *V P w* : appellatiuus *B*.

la volonté], nom appellatif du genre féminin et du nombre singulier seulement, et seulement au cas de l'ablatif. Les noms qui parcourent les cas sans avoir de flexion sont appelés « sans flexion » ; ceux qui n'ont pas de flexion et qui ne parcourent pas non plus les cas sont appelés « indéclinables »[1].

18. [II 16] Tout nom à l'ablatif singulier, à l'exception de certains noms sans flexion et indéclinables, se termine par l'une des cinq voyelles[1]. Tous les noms qui se terminent à l'ablatif singulier par un *a* ou un *o*, forment leur génitif pluriel avec la syllabe *rum*, leurs datif et ablatif avec *is*, comme *ab hac docta* [par la savante], *harum doctarum* [des savantes], *his* et *ab his doctis* [pour / par des savantes]. De même, pour *ab hoc docto* [par le savant], *horum doctorum* [des savants], *his* et *ab his doctis* [pour / par des savants]. Tous les noms qui se terminent à l'ablatif singulier par un *i*, un *u* ou un *e* bref forment leur génitif pluriel avec la syllabe *um*, leurs datif et ablatif avec *bus*, comme *ab hac puppi* [à partir de la poupe], *harum puppium* [des poupes], *his* et *ab his puppibus* [pour / à partir des poupes] et *ab hoc fluctu* [à partir du flot], *horum fluctuum* [des flots], *his* et *ab his fluctibus* [pour / à partir des flots], et *ab hac mente* [par l'esprit], *harum mentium* [des esprits], *his* et *ab his mentibus* [pour / par des esprits].

19. [II 17] Mais si le nom se termine à l'ablatif singulier par un *e* long, il a un génitif pluriel en *rum* et un datif et un ablatif en *bus*, comme *ab hac specie* [à partir de l'espèce], *harum specierum* [des espèces], *his* et *ab his speciebus* [pour / à partir des espèces]. On comprend cependant si un ablatif se

singularis, casus tantum ablatiui. Illa quae currunt per casus sed non flectuntur inflexibilia, ista uero quae neque flectuntur neque per casus currunt indeclinabilia dicuntur.

18. Omnis ablatiuus casus singularis, exceptis quibusdam inflexibilibus et indeclinabilibus, aliqua littera quinque uocalium terminatur. Quaecumque igitur nomina ablatiuo casu singulari *a* uel *o* littera terminantur, genetiuum pluralem in *rum* syllabam mittunt, datiuum et ablatiuum in *is* ut *ab hac docta*, *harum doctarum*, *his* et *ab his doctis*. Item *ab hoc docto*, *horum doctorum*, *his* et *ab his doctis*. Quaecumque ablatiuo casu singulari *i* littera terminantur uel *u* uel *e* correpta genetiuum pluralem in *um* syllabam mittunt, datiuum et ablatiuum in *bus*, ut *ab hac puppi*, *harum puppium*, *his* et *ab his puppibus*, et *ab hoc fluctu*, *horum fluctuum*, *his* et *ab his fluctibus*, et *ab hac mente*, *harum mentium*, *his* et *ab his mentibus*.

19. Si autem nomen ablatiuo casu singulari *e* littera producta terminatur, genetiuum pluralem in *rum* syllabam mittit, datiuum et ablatiuum in *bus* ut *ab hac specie, harum specierum*, *his* et *ab his speciebus.* Intellegitur autem utrum produci debeat ablatiuus exiens

Illa quae : illaque *P* || sed non — currunt (cur- *tantum exhibet mai*) *in margine inf. add. V p.c.* || flectuntur : flec *B* || **18.** terminatur *w* : terminantur *V B P* || singularis *V P w* : singulari *B* || pluralem[1] *V P w* : plurali *B* || in is *V P w* : in his *B* || Item — ab his doctis *V om. B P seru. w mai secutus* || *post* doctarum et *add. V* || correpta *P mai w* : correpto *V B* || genetiuum[2] : genetiuo *P* || fluctu : flectu *B* || et *ante* ab hac *om. mai* || **19.** casu *V P w* : casus *B* || intellegitur : intelligitur *B*.

terminant en *e* doit être long[1], lorsqu'il forme son nominatif singulier en *es* et son génitif en *ei*, comme *species, speciei* ; *res, rei* ; *spes, spei*, et autres exemples semblables.

20. [II 18] Assurément, ces règles tirées du cas de l'ablatif ne s'appliquent pas lorsque l'on doit distinguer le sexe[1]. Car bien que l'on dise *ab hac filia* [à partir de la fille], on doit dire au datif et à l'ablatif pluriels *filiabus*, de façon à les distinguer des enfants mâles. Il en va de même de *mula* [mule], *mulabus*, d'*anima* [âme], *animabus*, à cause de *muli* [mulets] et de *animi* [esprits]. Dans le cas des noms que l'on appelle adjectifs, cette différence n'est toutefois pas observée, car on ne dit pas *iustabus* à cause de *iusti* [les justes, masculin], ou *uerabus* à cause de *ueri* [les véridiques, masculin], parce que lorsqu'on dit *iustus* ou *uerus*, nous devons nécessairement préciser en outre qui est dit juste ou vrai, ou renoncer à le faire comprendre sans ambiguïté. C'est pourquoi ces noms sont à juste titre des « noms adjectifs »[2].

21. [II 19] De même, pour certains noms du genre neutre que nous avons empruntés au grec et qui se terminent au nominatif singulier par la syllabe *ma*, cette règle de l'ablatif n'est pas respectée. À partir de *physema* [souffle], on peut dire aux datif et ablatif pluriels, bien que ces formes fassent *ab hoc physemate* à l'ablatif singulier, non seulement *his* et *ab his physematibus*, comme le demande la règle, mais aussi *physematis*,

in *e* si nominatiuus singularis in *es* et genetiuus in *ei* mittitur, ut *species speciei*, *res rei*, *spes spei*, et similia.

20. Sane istae regulae a casu ablatiuo ductae, non seruantur quando sexus discernendus est. Nam cum *ab hac filia* dicatur, datiuo tamen et ablatiuo plurali *filiabus* dicendum est, ut a maribus discernantur ; ita et *mula mulabus*, *anima animabus* propter *mulos* et *animos*. In his tamen nominibus quae adiunctiua dicuntur, ista differentia non seruatur : non enim *iustabus* propter *iustos*, aut *uerabus* propter *ueros* dicendum est. Propterea quia, cum dicitur *iustus* aut *uerus*, necesse habemus addere quis *iustus* et quis *uerus* dicatur aut certe intellegendum dimittere. Vnde ista nomina recte adiunctiua nomina sunt.

21. Item quibusdam nominibus generis neutri, quae a Graecis sumpsimus et nominatiuo singulari *ma* syllaba terminantur, ista regula casus ablatiui non seruatur. Ab eo enim quod est *physema*, cum ablatiuo singulari *ab hoc physemate* faciant, licet tamen dicere datiuo et ablatiuo plurali non solum *his* et *ab his physematibus*, quod postulat regula, sed etiam *physematis*, quod

in *ante* es *om. V B P rest. oehl quem secutus est w* || **20.** mula *V B a.c. P w* : multa *B p.c.* || adiunctiua : adiunctiuae *P* || quia *V p.c. P mai mar* : qui *V a.c.* quod *B w* || aut uerus : et uerus *P* || *post* intellegendum est *P* || **21.** neutri *om. B* || nominatiuo *V P w* : nominatiuus *B* || ma *V P mar* : in a *B mai* a *w* || terminantur *B mai w* : terminatur *V P* || seruatur *V P w* : seruantur *B* || physema *mar* : fysema *V B* fisema *uel* sisema *P* systema *mai* (*qui* sysse- *legit in V*) *w* || ab hoc *P mai w* : ad hoc *V B* || physemate *mar* : fysemate *V B* fisimate *P* systemate *mai w* || faciant *V B mar* : faciunt *P* faciat *mai w* || physematibus *mar* : fysematibus *V B* fisematibus *P* systematibus *mai w* || regula *V P w* : regulam *B* || physematis *mar* : fysematis *B* fisematis *P* fyssematis *V* systematis *mai w*.

ce qui est permis par l'autorité plus que par la raison[1]. Or en latin, l'autorité joue un rôle prépondérant et presque sans partage. C'est pourquoi dans tout ce que nous avons dit plus haut et dans tout ce qui sera dit par la suite, nous devons beaucoup plus nous souvenir de l'autorité que de cette sorte de raison de laquelle la grammaire tient son nom[2]. Car l'autorité est elle-même plus sûre en grammaire que la raison[3], de sorte qu'on comprend que, quand on parle, ce n'est pas à la raison qu'il faut obéir mais à l'autorité.

LE PRONOM

22. [III 1] Le pronom est une partie du discours qui est mise à la place du nom lui-même mais qui signifie pourtant moins pleinement que lui la même chose[1]. Les accidents du pronom, qu'il nous faut maintenant[2] examiner, sont les suivants : la qualité, le genre, le nombre, la figure, la personne et le cas.

23. [III 2] S'agissant de la qualité[1], on considère si le pronom est défini ou indéfini. On comprend qu'il est défini si c'est par lui qu'on peut répondre. Au moyen d'un indéfini, en revanche, on ne peut que poser une question. Voici des exemples de pronoms définis : *hic* [celui-ci], *iste* [celui-là], *ille* [celui-ci], *ipse* [lui-même], *ego* [moi], et autres pronoms semblables ; *quis* [qui ?] est en revanche un exemple de pronom indéfini. Certains pronoms sont tantôt indéfinis, tantôt définis, comme *qui*

magis auctoritate quam ratione permittitur. Auctoritas autem in Latina lingua plurimum et paene sola dominatur. Quamobrem in omnibus, et quae supra diximus et quae deinceps dicenda sunt, multo plus auctoritatis quam huius ueluti rationis, per quam grammatica nomen accepit, meminisse debemus. Ipsa enim certior in grammatica ratione est, per quod intellegitur non rationi cum loquimur quam auctoritati esse seruiendum.

DE PRONOMINE

22. Pronomen est pars orationis quae pro ipso nomine posita minus quidem plene idem tamen significat. Pronomini accidunt quae considerare nunc oportet : qualitas, genus, numerus, figura, persona, casus.

23. In qualitate adtenditur utrum finitum pronomen sit an infinitum. Finitum intellegitur si responderi per id potest ; per infinitum autem nonnisi interrogari potest. Finitorum pronominum exempla sunt *hic, iste, ille, ipse, ego*, et similia ; infinitorum uero ut *quis*. Sunt quaedam quae aliquando infinita, aliquando fi-

quam[1] : quem *B* || multo *V p.c. B P mai* : *om. V a.c.* || plus *V B* : plures *P* || per quam *V P w* : quam *B* || grammatica : gramatica *V B* || ratione *corr. w* : ratio *V B P* || per quod *B w* : quam *V P p.c.* qua *mai mar* || loquimur *mai w* : loquitur *V B P* || auctoritati *mai w* : auctoritate *V B P* || **22.** *ante titulum* de pronomine incipit *V non seruauit mai* || plene *V P law* : bene *B w* || *post* accidunt vi *P* || accidunt *P mai w* : accedunt *V B* || **23.** adtenditur : attenditur *V* || finitum[1] : finitur *P* || pronomen *V P w om. B* || intellegitur : intelliitur *B* || finitorum *V a.c. mai w* : finitiuorum *V p.c. B P* || infinitorum *V a.c. mai w* : infinitiuorum *V p.c. B P* || uero *V p.c. B P mai* : *om. V a.c.* || finita *V P w* : infinita *B*.

[qui / quel ?], *quantus* [de telle taille / de quelle taille ?], *qualis* [tel / quel ?]. En effet, lorsqu'ils servent à poser une question, ils sont indéfinis. Ailleurs, ils sont définis. Certains ont appelé ces pronoms « moins que définis ». En considérant plus attentivement les choses, si l'on adopte cette distinction, un seul pronom est indéfini, encore est-ce seulement au nominatif singulier et au masculin, à savoir *quisnam* [qui donc ?][2] : tous les autres cas et les autres genres de ce pronom, aux deux nombres, et tous les autres pronoms sont pour une part définis, parce qu'on ne peut les employer que pour répondre à une question, et pour une autre part moins que définis, parce qu'ils servent à la fois à poser une question et à répondre. C'est pourquoi certains ont voulu que soient moins que définis les pronoms qui montrent, non pas une chose présente, mais une chose qui est absente ou située trop loin, comme par exemple *is* [ce], *ipse* [lui-même], *ille* [celui-là]. Quant à ceux qui désignent une chose présente de façon telle qu'elle soit comme montrée du doigt, ils les ont appelés « définis », comme par exemple *ego* [moi], *tu* [toi], *hic* [celui-ci], *iste* [celui-là]. Et tous les autres, ils les ont appelés les « indéfinis », c'est-à-dire tous ceux à l'aide desquels une question peut être posée, comme c'est le cas de *quis*, *qui*, *quantus*, *qualis*.

24. [III 3] S'agissant du genre, du nombre, de la figure et des cas, on observe pour les pronoms les mêmes règles que pour les noms. Mais les personnes, qui font défaut aux noms, sont au nombre de trois pour les pronoms[1] : la première, la

nita sunt, ut *qui*, *quantus*, *qualis*. Nam quando per haec interrogatio fit, infinita sunt ; sunt alias finita. Haec nonnulli minus quam finita uocauerunt. Secundum autem hanc distinctionem si diligentius adtendas, unum pronomen est infinitum et in solo nominatiuo casu singulari et genere masculino, id est *quisnam*, et huius pronominis ceteri utriusque numeri casus et genera et omnia reliqua pronomina partim finita sunt, quia per ea tantum responderi potest, partim minus quam finita sunt, quia et interrogationi et responsioni seruiunt. Itaque nonnulli minus quam finita pronomina esse uoluerunt quae non rem praesentem demonstrant, sed uel absentem uel longius positam, qualia sunt *is, ipse, ille*. Quae uero rem ita praesentem ostendunt, ut quasi digito demonstretur, finita nominauerunt, qualia sunt *ego, tu, hic, iste* ; cetera infinita, id est omnia per quae inquisitio fieri potest, ut sunt haec : *quis, qui, quantus, qualis*.

24. Genus et numerus et figura et casus et in pronominibus eodem modo quo in nominibus obseruantur. Personae uero, quibus nomina carent, in pronominibus tres sunt : prima, secunda, tertia. Prima est quae

sunt *ante* alias *V p.c. P mai mar* : sed *B w* || alias *w* : alia *V B P mar* || et *ante* genera e *B* || reliqua : liqua *V a.c.* || partim[1] *V B P w* : parum *mai* || quia — finita sunt *om. mai* || per ea tantum *V B* : per ea tamen *P* || et *ante* interrogationi *V P w om. B* || absentem : absententem *B* || demonstretur *mai w* : demonstratur *V B P* || iste : ista *B* || quis : quisque *B* || **24.** et *ante* figura *V P om. B quem secutus est w* || nominibus *V P w* : omnibus *B* || obseruantur *V B* : obseruatur *P* || *ante* tertia[1] et *add. mai.*

deuxième et la troisième. La première est celle qui parle, la deuxième, celle à qui l'on parle, la troisième, celle dont on parle, comme *ego* [moi], *tu* [toi], *ille* [celui-là].

25. Assurément, certains pronoms sont appelés « possessifs »[1] ; ce sont ceux à l'aide desquels on demande ou l'on montre à qui appartient quelque chose[2] ; mais lorsqu'on le demande, ils sont indéfinis, et lorsqu'on le montre, ils sont définis. Assurément, lorsqu'on s'interroge à l'aide d'un pronom sur l'origine de chacun, ou lorsqu'on désigne cette origine, le pronom est appelé « d'origine »[3]. Voici des exemples d'indéfinis : *cuius*, *cuia*, *cuium* [de qui ?] ; de définis : *meus* [le mien], *tuus* [le tien], *noster* [le nôtre], *uester* [le vôtre] ; pronom d'origine indéfini : *cuias* [de quelle origine ?] ; pronom d'origine défini : *nostras* [celui de notre origine].

26. [III 4] Les pronoms se déclinent de façon à sauter le vocatif, à la place duquel les maîtres bornés et négligents mettent toujours *o*[1]. Car le pronom de la première personne et la plupart des autres pronoms ne peuvent pas avoir de vocatif, et ceux qui l'ont ont tous besoin, non seulement de *o*, mais encore de la formulation du pronom lui-même, comme dans le cas de *o noster* [ô toi notre ami]. Ce que je dis sera donc manifeste dans les déclinaisons elles-mêmes[2].

27. [III 5] *Ego* [moi] est un pronom défini, de la première personne, de figure simple, au singulier, de tous les genres. On le déclinera ainsi : *ego*, *mei*, *mihi*, *me*, *a me*. Et au pluriel : *nos*, *nostri*[1], *nobis*, *nos*, *a nobis*[2].

28. [III 6] *Tu* [toi] est un pronom défini, de la deuxième personne, de tous les genres, au singulier, de figure simple,

dicit, secunda cui dicitur, tertia de qua dicitur, ut *ego*, *tu*, *ille*.

25. Sane possessiua quaedam dicuntur pronomina, per quae solet quaeri uel demonstrari quid ad quem pertineat, sed cum quaeritur infinita sunt, cum demonstratur finita sunt. Sane quando gens cuiusque inquiritur uel ostenditur pronomine, gentile pronomen appellatur. Exempla infinitorum sunt *cuius, cuia, cuium*, finitorum *meus, tuus, noster, uester*, gentile infinitum *cuias*, gentile finitum *nostras*.

26. Declinantur autem pronomina hoc modo ut casum uocatiuum omittamus, pro quo semper *o* litteram ponunt incuriosi et neglegentes magistri. Non enim pronomen primae personae et alia pleraque uocatiuum casum habere possunt, et quae habent non omnia *o* tantum desiderant, sed etiam ipsius pronominis enuntiationem ut est *o noster*. Ergo in ipsis declinationibus quod dico apparebit.

27. *Ego* pronomen finitum, personae primae, figurae simplicis, numeri singularis, generis omnis, quod declinabitur sic : *ego, mei, mihi, me, a me* ; et pluraliter : *nos, nostri, nobis, nos, a nobis*.

28. *Tu* pronomen finitum, personae secundae, generis omnis, numeri singularis, figurae simplicis, casus

25. dicuntur *add. V p.c.* || demonstratur *P p.c. mai w* : demonstrantur *V B P a.c.* || *ante* finita *lacunam per crucem supposuit w* || infinitorum sunt *V w* : infinitiuorum sunt *P* infinitiuorum *B* || cuia *corr. w* : cui *V B P* || finitorum *V w* : finitiuorum *B P* || **26.** omittamus *w* : mittamus *V P* amittamus *B* || magistri *V P om. B quem secutus est w* || enuntiationem *mai w* : enuntiatione *V B P* || dico : dico a *V* dicoa *P* || **27.** ego : ergo *B* || *ante* a nobis o *V P negl. mai.*

aux cas du nominatif ou du vocatif. On le déclinera ainsi : *tu*, *tui*, *tibi*, *te*, *tu*[1], *a te*. Et au pluriel : *uos*, *uestri*, *uobis*, *uos*, *o uos*, *a uobis*. En considérant ce pronom[2] avec plus d'attention, certains ont compris qu'il n'avait pas de nominatif et qu'il commence par le vocatif.

29. [III 7] *Hic* [celui-ci] est un pronom défini, de la troisième personne[1], au masculin, singulier, de figure simple, au nominatif. On le déclinera ainsi : *hic*, *huius*, *huic*, *hunc*, *ab hoc*. Et au pluriel : *hi*, *horum*, *his*, *hos*, *ab his*. Au féminin : *haec*, *huius*, *huic*, *hanc*, *ab hac*. Et au pluriel : *hae*, *harum*, *his*, *has*, *ab his*. Au neutre : *hoc*, *huius*, *huic*, *hoc*, *ab hoc*. Et au pluriel : *haec*, *horum*, *his*, *haec*, *ab his*.

30. [III 8] *Is* [ce] est un pronom moins que défini, de la troisième personne, au masculin, singulier, de figure simple, au nominatif. On le déclinera ainsi : *is*, *eius*, *ei*, *eum*, *ab eo*. Et au pluriel : *ei* ou *ii*[1], *eorum*, *eis*, *eos*, *ab eis*. Au féminin : *ea*, *eius*, *ei*, *eam*, *ab ea*. Et au pluriel : *eae*, *earum*, *eis*, *eas*, *ab eis*. Au neutre : *id*, *eius*, *ei*, *id*, *ab eo*. Et au pluriel : *ea*, *eorum*, *eis*, *ea*, *ab eis*.

31. [III 9] *Iste* [celui-là] est un pronom défini, de la troisième personne, au masculin, singulier, de figure simple, au nominatif. On le déclinera ainsi : *iste*, *istius*, *isti*, *istum*, *ab isto*. Et au

nominatiui et uocatiui, quod declinabitur sic : *tu, tui, tibi, te, tu, a te*; et pluraliter : *uos, uestri, uobis, uos, o uos, a uobis*. Hoc pronomen quidam diligentius considerantes non habere nominatiuum sed a uocatiuo incipere intellexerunt.

29. *Hic* pronomen finitum, personae tertiae, generis masculini, numeri singularis, figurae simplicis, casus nominatiui, quod declinabitur sic : *hic, huius, huic, hunc, ab hoc*; et pluraliter : *hi, horum, his, hos, ab his*. Genere feminino : *haec, huius, huic, hanc, ab hac*; et pluraliter : *hae, harum, his, has, ab his*. Genere neutro : *hoc, huius, huic, hoc, ab hoc*; et pluraliter : *haec, horum, his, haec, ab his*.

30. *Is* pronomen minus quam finitum, personae tertiae, generis masculini, numeri singularis, figurae simplicis, casus nominatiui, quod declinabitur sic : *is, eius, ei, eum, ab eo*; et pluraliter : *ei* uel *ii*, *eorum, eis, eos, ab eis*. Genere feminino : *ea, eius, ei, eam, ab ea*; et pluraliter : *eae, earum, eis, eas, ab eis*. Genere neutro : *id, eius, ei, id, ab eo*; et pluraliter : *ea, eorum, eis, ea, ab eis*.

31. *Iste* pronomen finitum, personae tertiae, generis masculini, numeri singularis, figurae simplicis, casus nominatiui, quod declinabitur sic : *iste, istius, isti, istum, ab isto*, et pluraliter : *isti, istorum, istis, istos,*

28. o uos *B P* (*uacuo spatio post* o *relicto*) *mai w* : o uel uos *V* || quidam diligentius considerantes *B P w* : considerantes *ante* quidam *V a.c. post* quidam *V p.c. mai* || a uocatiuo *V P w* : uocatiuo *B* || incipere *V B* : accipere *P* || **29.** neutro : neutri *B* || **30.** *post* nominatiui et uocatiui *B P secl. w* || uel ii *V add. P p.c. om. B w* || *ante* ab eis id *add. mai* || **31.** istae : iste *B P*.

pluriel : *isti*, *istorum*, *istis*, *istos*, *ab istis*. Au féminin : *ista*, *istius*, *isti*, *istam*, *ab ista*. Et au pluriel : *istae*, *istarum*, *istis*, *istas*, *ab istis*. Au neutre : *istuc*[1] ou *istud*, *istius*, *isti*, *istuc* ou *istud*, *ab isto*. Et au pluriel : *ista*, *istorum*, *istis*, *ista*, *ab istis*.

32. [III 10] *Ille* [celui-là] est un pronom moins que défini, qui se décline à toutes ses autres formes comme plus haut, à cette exception près que son neutre ne fait pas *illuc*, comme plus haut *iste* fait *istuc*, mais seulement *illud*, comme *istud*[1].

33. [III 11] *Ipse* [le même] est un pronom moins que défini, qui se décline comme les deux précédents, à ceci près que son neutre ne fait pas non plus *ipsud* mais *ipsum*[1].

34. [III 12] *Se* [soi-même] est un pronom moins que défini, de la troisième personne, de tous les genres, de chacun des deux nombres, de figure simple, à l'accusatif. En effet, en faisant attention, on s'est rendu compte que la déclinaison de ce pronom commence à l'accusatif, comme celle de la deuxième personne, *tu*, commence au vocatif[1]. Mais si quelqu'un pense, parce que le nominatif fait défaut à ce pronom, qu'il faut partir du génitif, il n'y a rien à lui objecter. Il se décline donc ainsi à partir du génitif : *sui*, *sibi*, *se*, *a se*. Et au pluriel de la même façon.

35. [III 13] *Quis* [qui ?] est un pronom indéfini, d'une personne indéfinie (car il peut s'employer au sujet de quiconque), au singulier, de figure simple, au nominatif[1]. On le déclinera ainsi : *quis*, *cuius*, *cui*, *quem*, *a quo* ou *a qui*. Et au pluriel : *qui*, *quorum*, *quibus*, *quos*, *a quibus*. Au féminin : *quae*, *cuius*, *cui*, *quam*, *a qua*. Et au pluriel : *quae*, *quarum*, *quibus*, *quas*,

ab istis. Genere feminino : *ista, istius, isti, istam, ab ista*; et pluraliter : *istae, istarum, istis, istas, ab istis*. Genere neutro : *istuc* uel *istud, istius, isti, istuc* uel *istud, ab isto*; et pluraliter : *ista, istorum, istis, ista, ab istis*.

32. *Ille* pronomen minus quam finitum in ceteris ita ut superius declinatur, excepto eo quod huius neutrum non facit *illuc*, quemadmodum superius facit *istuc*, sed tantummodo *illud* tamquam *istud*.

33. *Ipse* pronomen minus quam finitum quod ita ut duo superiora declinatur, nisi quod huius neutrum neque *ipsud* sed *ipsum* facit.

34. *Se* pronomen minus quam finitum, personae tertiae, generis omnis, numeri utriusque, figurae simplicis, casus accusatiui. Nam diligenter animaduersum est huius pronominis declinationem ab accusatiuo incipere, sicut secundae personae a uocatiuo, quod est *tu*. Sed si quis, quia nominatiuo caret, a genetiuo putet inchoandum, nihil repugnandum est; ergo ita declinatur a genetiuo : *sui, sibi, se, a se*; et pluraliter eodem modo.

35. *Quis* pronomen infinitum personae indefinitae — cuilibet enim aptari potest — numeri singularis, figurae simplicis, casus nominatiui, quod declinabitur sic : *quis, cuius, cui, quem, a quo* uel *a qui*; et pluraliter : *qui, quorum, quibus, quos, a quibus*. Genere feminino : *quae, cuius, cui, quam, a qua*; et plura-

istis[3] : istas *P a.c.* || istud[2] : illud *P* || **32.** finitum : infinitum *P* || non *om. P* || **33.** superiora *om. B quem secutus est w* || **34.** animaduersum : animaduersus *B* || a uocatiuo *V B P w* : a nominatiuo *mai* || putet : pudet *B* pud *scribere inc. P* || **35.** numeri : nom. *B*.

a quibus. Au neutre : *quod* ou *quid*, *cuius*, *cui*, *quod*, *a quo*. Et au pluriel : *quae*, *quorum*, *quibus*, *quae*, *a quibus*. Assurément, lorsque nous posons une question, *quod* entraîne le nominatif ou l'accusatif, mais *quid*, le génitif[2]. Car nous disons : *quod aurum est* ? [quel or est-ce ?] ou *quod aurum abstulisti* ? [quel or as-tu emporté ?], mais nous disons, non pas *quid aurum ?*, mais *quid auri ?* [quel objet en or ?].

36. [III 14] *Qui* [qui][1] est un pronom indéfini, d'une personne indéfinie, de chacun des deux nombres, qui se décline à toutes les autres formes comme *quis*.

37. [III 15] Quant à *quantus*, *quanta*, *quantum* [de quelle taille ?], ce sont des pronoms indéfinis, d'une personne indéfinie, qui se déclinent de la même façon que les noms qui leur ressemblent, c'est-à-dire comme *iustus*, *iusta*, *iustum*. *Tantus*, *tanta*, *tantum* [de telle taille], qui sont des pronoms définis, se déclinent également de cette façon. [III 16] Il en va de même des autres pronoms indéfinis : *quotus*, *quota*, *quotum* [en quel nombre ?][1] et de leurs formes définies : *totus*, *tota*, *totum* [en tel nombre], qui sont six pronoms marquant le rang. Pronoms numéraux, l'indéfini *quot* [combien ?] et le défini *tot* [tant] n'existent qu'au pluriel et ils ne portent pas de flexions casuelles.

38. [III 17] Le pronom indéfini *qualis* [quel / quelle ?] et sa forme définie *talis* [tel / telle] sont de genre masculin ou féminin et ils se déclinent de la même façon que les noms qui leur ressemblent, comme *agilis* [adroit] ou *facilis* [facile]. Leurs neutres, à savoir *quale* et *tale*, se déclinent comme *agile* ou *facile*.

39. [III 18] *Cuius* [de qui ?][1] est un pronom indéfini, d'une personne indéfinie, possessif (comme quand nous disons : *cuius seruus est* ? [de qui est-il le serviteur ?]), de figure simple,

liter : *quae, quarum, quibus, quas, a quibus*. Genere neutro : *quod* uel *quid, cuius, cui, quod, a quo*; et pluraliter : *quae, quorum, quibus, quae, a quibus*. Sane *quod*, quando interrogamus, nominatiuum uel accusatiuum casum nominis regit, *quid* genetiuum. Dicimus enim « quod aurum est » uel « quod aurum abstulisti », « quid aurum » non dicimus sed « quid auri ».

36. *Qui* pronomen infinitum, personae indefinitae, numeri utriusque, in ceteris ita declinatur ut *quis*.

37. Iam uero *quantus, quanta, quantum* pronomina indefinita, personae indefinitae, ita ut similia nomina declinantur, id est *iustus, iusta, iustum*. Hoc modo etiam *tantus, tanta, tantum* quae pronomina finita sunt. Sic et alia infinita *quotus, quota, quotum* et eorum finita *totus, tota, totum*, quae sex pronomina ordinis sunt. Numeri infinitum *quot* et finitum *tot* numeri sunt tantum pluralis et per casus non flectuntur.

38. *Qualis* pronomen infinitum et finitum eius *talis* masculini et feminini generis sunt et ita ut similia declinantur, ut *agilis* uel *facilis*. Neutrum autem ipsorum, id est *quale* uel *tale*, ita ut *agile* uel *facile*.

39. *Cuius* pronomen infinitum personae indefinitae possessiuum — tamquam cum dicimus « cuius seruus est » -, figurae simplicis, generis masculini, numeri sin-

pluraliter[2] *om. P* || quod *post* sane : quid *V a.c.* || nominis : nomisnis *P* || regit *om. B* || dicimus[1] *V B* : dicemus *P* || **36.** qui *correxi* : quid *V B P* || infinitum *V p.c. B P* : finitum *V a.c.* || utriusque : utrisque *P* || declinatur : declinantur *P* || **37.** indefinit- *bis* indifinit- *B* || indefinita *V B P* : infinita *mar* || ut : aut *P* || *post* infinita sunt *B w* || *ante* totus sunt *praebet B quod negl. w* || *inter* sunt *et* numeri[1] sunt *add. mar* || *post* numeri[1] utriusque *add. w delendum censet mar* || quot : quod *B* || et *post* quot *B P add. V p.c. negl. mai.*

du genre masculin, au singulier. On le déclinera ainsi : *cuius*, *cui*, *cuio*, *cuium*, *a cuio* ; et au pluriel : *cui*, *cuiorum*, *cuiis*, *cuios*, *a cuiis*. Mais cette déclinaison tient plus à la grammaire qu'à un garant. Car elle est extrêmement ancienne et a été rejetée par l'usage qui est le nôtre. Ainsi, au féminin aussi, *cuia* se décline comme *tabula* [table] et *cuium* comme *lignum* [bois], mais bien que l'on trouve aussi ces formes chez les auteurs que tous ont dans les mains ou sur les lèvres, l'usage courant les a pourtant délaissées[2] : c'est par un seul pronom, *cuius* ou *quorum*, que tous les possessifs indéfinis sont signifiés. Car nous disons *cuius* ou *quorum seruus* [de quelle(s) personne(s) est-il le serviteur ?], ou *ancilla* [la servante ?] ou *templum* [le temple ?], mais avec une difficulté, il faut le reconnaître, pour ce qui est de lever l'ambiguïté au génitif singulier[3], lorsque nous disons *cuius*, et au pluriel, lorsque nous disons *quorum* ; car lorsqu'ils sont possessifs, *cuius* et *quorum* n'ont pas de flexions casuelles.

40. [III 19] *Meus* [le mien] est un pronom défini, de la première personne, possessif, du genre masculin, au singulier, de figure simple, aux cas du nominatif et du vocatif. On le déclinera ainsi : *meus*, *mei*, *meo*, *meum*, *meus*, *a meo*. Et au pluriel : *mei*, *meorum*, *meis*, *meos*, *mei*, *a meis*. Il faut le décliner en suivant la règle qui s'applique à un nom qui lui ressemble, comme *reus* [accusé][1]. Au féminin, on a donc *mea*, comme *rea* ; au neutre *meum*, comme *reum*.

41. [III 20] *Noster* [le nôtre] est un pronom défini, de la

gularis, quod ita declinabitur : *cuius, cui, cuio, cuium, a cuio*; et pluraliter : *cui, cuiorum, cuiis, cuios, a cuiis*. Sed haec declinatio plus artis quam auctoris gerit; nam nimis uetus est et a nostra consuetudine repudiata. Ita et in genere feminino *cuia* declinatur ut *tabula*, *cuium* ut *lignum*, sed etiam ista quamuis in eis auctoribus repperiantur, qui sunt in manibus et in ore omnium, tamen consuetudo contempsit : per unum enim pronomen, id est *cuius* uel *quorum*, omnia infinita possessiua significantur. Dicimus enim « cuius » uel « quorum seruus » siue « ancilla » siue « templum » sed, quod fatendum est, cum molestia discernendae ambiguitatis in genitiuo singulari, quando « cuius » dicimus, et in plurali, quando « quorum » : *cuius* enim et *quorum*, quando possessiua sunt, per casus non flectuntur.

40. *Meus* pronomen finitum personae primae possessiuum, generis masculini, numeri singularis, figurae simplicis, casus nominatiui et uocatiui, quod declinabitur sic : *meus, mei, meo, meum, meus, a meo*; et pluraliter : *mei, meorum, meis, meos, mei, a meis*. Secundum regulam similis nominis tamquam si *reus* declinetur; ergo genere feminino *mea* sicut *rea*, neutro *meum* sicut *reum*.

41. *Noster* pronomen finitum personae primae pos-

39. cuiorum *dupl. B* || cuiis *bis* cuius *P* || auctoris ego : pudoris *V B P, mai et w dubitanter* : ponderis *w in fine opusculi k* || nimis : minus *B P* || repperiantur : repariantur *P* reperiantur *k* || tamen *V B* : tantum *P* || comtempsit : contemsit *V* || possessiua : possessa *B a.c.* || discernendae : discerne *B* || cuius[6] : cui *B* || enim[3] *om. P* || **40.** meus[2] *om. P* || neutro *V p.c. B P w* : neutrum *V a.c. mai* || meum sicut reum *V P w* : reum sicut meum *B*.

première personne, possessif, au singulier, de figure simple, au nominatif et au vocatif. On le décline comme le nom *niger* [noir] qui lui ressemble, et aux autres genres, *nostra*, *nostrum* se déclinent comme *nigra*, *nigrum*.

42. [III 21] *Tuus* [le tien], *tua* [la tienne], *tuum* sont des pronoms définis de la deuxième personne, qui se déclinent comme *meus*, *mea*, *meum*.

43. [III 22] De même, *suus* [le sien], *sua* [la sienne], *suum* sont des pronoms définis possessifs de la troisième personne, qui se déclinent comme *tuus*, *tua*, *tuum*.

44. [III 23] *Vester*, *uestra*, *uestrum* sont des pronoms définis de la deuxième personne, des possessifs, qui se déclinent comme *noster*, *nostra*, *nostrum*.

45. [III 24] *Cuias* [de quel pays ?] est un pronom indéfini, d'une personne indéfinie, possessif, d'origine, de tous les genres, au singulier, de figure simple, au nominatif[1]. On le déclinera ainsi : *cuias*, *cuiatis*, *cuiati*, *cuiatem* et *cuias* [neutre], *a cuiate*. Et au pluriel : *cuiates* et *cuiatia*, *cuiatium*, *cuiatibus*, *cuiates* et *cuiatia*, *a cuiatibus*. Lorsque nous demandons *cuias est ?*, nous demandons de quelle origine est cet homme, ou cette femme, ou ce blé – et nous disons : « de quel pays [*cuiatis*] est l'homme, ou la femme, ou le blé dont tu as estimé le prix ? ». On entendra tous les autres cas en suivant le même principe.

46. [III 25] *Nostras* [de notre pays] est un pronom défini, de la première personne, possessif, d'origine, de tous les genres,

sessiuum, numeri singularis, figurae simplicis, casus nominatiui et uocatiui, ita declinatur ut nomen simile quod est *niger* et in ceteris generibus *nostra, nostrum*, ut *nigra, nigrum*.

42. *Tuus, tua, tuum* pronomina finita personae secundae ita in ceteris declinantur ut *meus, mea, meum*.

43. Item *suus, sua, suum* pronomina finita possessiua personae tertiae ita ut *tuus, tua, tuum* declinantur.

44. *Vester, uestra, uestrum* pronomina finita personae secundae possessiua ita declinantur ut *noster, nostra, nostrum*.

45. *Cuias* pronomen infinitum personae indefinitae possessiuum, gentile, generis omnis, numeri singularis, figurae simplicis, casus nominatiui, quod declinabitur sic : *cuias, cuiatis, cuiati, cuiatem* et *cuias* neutrum, *a cuiate*; et pluraliter : *cuiates* et *cuiatia, cuiatium, cuiatibus, cuiates* et *cuiatia, a cuiatibus*. Cum autem quaerimus « cuias est ? », « cuius gentis est, quaerimus, hic homo ? » uel « mulier » uel « frumentum » — et « cuiatis hominis » uel « mulieris » uel « frumenti pretium aestimasti ? ». Simili ratione ceteri casus intellegendi sunt.

46. *Nostras* pronomen finitum personae primae possessiuum, gentile, generis omnis, numeri singularis,

41. est : et *mai* || ut[2] *om. P* || **42.** *post* tuum[1] declinantur *V negl. mai* || pronomina[1] *add. V p.c. mai* || personae secundae : secunde persone *B* || in ceteris *om. P* || declinantur : declinatur *P* || **43.** ut *om. P* || *post* tuum sic *P* || **45.** cuiati *om. B* || cuias[3] *V* : cuius *mai* || cuiate : cuiatum *V a.c.* || *post* a cuiate et cuiatem *add. P* || cuiates[2] — a cuiatibus *om. V B P rest. w* || quaerimus[2] *V P w om. B* || *ante* hic homo homo cuias est *V P mai mar negl. w B secutus* || frumenti : frument *P qui add.* tum || **46.** possessiuum : posses *B* / nostratis : nratis *P*.

au singulier, de figure simple, aux cas du nominatif ou du vocatif. On le déclinera ainsi : *hic* et *haec* et *hoc nostras*, *huius nostratis*, *huic nostrati*, *hunc* et *hanc nostratem* et *hoc nostras*, *o nostras*, *ab hoc* et *ab hac* et *ab hoc nostrate*. Et au pluriel[1] : *hi* et *hae nostrates* et *haec nostratia*, *horum* et *harum* et *horum nostratium*, *his nostratibus*, *hos* et *has nostrates* et *haec nostratia*, *o nostrates*, *nostratia*, *ab his nostratibus*. En suivant le même principe, on a *uestras*, *uestratis*, *uestrati*, etc., qui sont les formes du pronom de la deuxième personne ; mais de ce dernier pronom, nous n'avons pas un garant dans les livres duquel on puisse le trouver qui ait un poids tel que nous puissions grâce à lui nous opposer à l'usage des ignorants[2]. En tout cas, pour ce qui est des deux pronoms mentionnées auparavant, le garant est Cicéron lui-même[3] !

LE VERBE

47. [IV 1] Le verbe est la partie du discours pourvue d'un temps et d'une personne, mais sans cas[1]. Les accidents du verbe sont le genre, le nombre, la figure, la personne, le mode, le temps, la conjugaison, la forme[2].

48. [IV 2] S'agissant du genre, pour le verbe, on ne considère pas le sexe, mais l'usage préalablement fixé des grammairiens[1]. On parle d'un genre du verbe pour ce qui marque qu'il est soit actif, soit passif, soit déponent, soit neutre, soit commun. Est dit « actif » le verbe qui se termine par un *o* et qui forme son passif en ajoutant un *r*[2], comme *scribo* [j'écris], dont le passif est donc *scribor* [je suis écrit]. Est déponent ce-

figurae simplicis, casus nominatiui et uocatiui, quod declinabitur sic : *hic* et *haec* et *hoc nostras*, *huius nostratis*, *huic nostrati*, *hunc* et *hanc nostratem* et *hoc nostras*, *o nostras*, *ab hoc* et *ab hac* et *ab hoc nostrate*; et pluraliter : *hi* et *hae nostrates* et *haec nostratia*, *horum* et *harum* et *horum nostratium*, *his nostratibus*, *hos* et *has nostrates* et *haec nostratia*, *o nostrates*, *nostratia*, *ab his nostratibus*. Hac ratione facit *uestras*, *uestratis*, *uestrati* et cetera, quod pronomen est secundae personae, sed huius auctorem, in cuius libris inueniatur, non habemus tanti ponderis, ut imperitorum consuetudini per eum resistere ualeamus : nam duorum superiorum ipse Tullius auctor est.

DE VERBO

47. Verbum est pars orationis cum tempore et persona sine casu. Verbo accidunt genus, numerus, figura, persona, modus, tempus, coniugatio, forma.

48. Genus in uerbis non sexu consideratur, sed grammaticorum praeiudicante consuetudine; genus uerbi dicitur quo uel actiuum uel passiuum uel deponens uel neutrum uel commune significatur. Actiuum dicunt quod *o* littera terminatur et accepta *r* littera passiuum facit ut *scribo* : passiuum ergo ut *scribor*.

et ab hoc *om. V B P rest. mai quem secutus est w ut ex V* || Hac : haec *P* || *ante* nostratia[3] et o *add. V* || imperitorum *mai contra V w* : impeditorum *V B P* || consuetudini : consuetudine *P a.c.* || **47.** accidunt *P mai w* : accedunt *V B* || **48.** genus[1] *praeterire incipit P a.c.* I *scribens* || uerbis : uerbo *P* || quo *V P mar* : quod *B mai w* || uel *ante* actiuum *V B P w om. mai* || ut *post* ergo *V p.c. B P mar negl. mai w.*

lui qui se termine par un *r*, mais qui, sans cette lettre[3], n'est pas latin et ne peut pas avoir de sens ni actif ni passif, comme c'est le cas de *luctor* [je lutte]. Est neutre le verbe qui se termine par un *o* et qui n'est pas latin si l'on ajoute *r*, comme c'est le cas de *fulgeo* [je brille]. Est commun celui qui se termine par un *r* et qui a un sens actif et passif, comme c'est le cas de *criminor* [j'accuse / je suis accusé] ; car nous disons : *criminor illum* [je l'accuse] et *criminor ab illo* [je suis accusé par lui], comme *scribo illum* [je l'inscris] et *scribor ab illo* [je suis inscrit par lui]. Il y a d'autres verbes qui ne se terminent par aucune des syllabes qui ont été mentionnées mais qui sont considérés comme faisant partie des neutres, comme *odi* [je hais], *noui* [je sais], *memini* [je me souviens]. Il en va de même pour *sum* [je suis], *prosum* [je suis utile], *possum* [je peux].

49. [IV 3] Le nombre des verbes est singulier, comme *scribo* [j'écris] ; pluriel, comme *scribimus* [nous écrivons]. [IV 4] La figure est simple, comme *scribo*, composée, comme *describo* [je décris].

50. [IV 5] Exemple de première personne : *scribo* ; deuxième personne : *scribis*, troisième personne : *scribit*. Il y a aussi des verbes qui sont dits « impersonnels »[1] : c'est comme s'ils restaient à la troisième personne. Parmi ces verbes, certains sont tirés de verbes personnels, comme *scribitur* [on écrit], *legitur* [on lit], *curritur* [on court], et d'autres ont un genre qui leur appartient en propre, comme *pudet* [il est honteux], *taedet* [il est pénible], *paenitet* [il est regrettable], *libet* [il plaît] ; car *pudeo*, ou *pudeor*, ou *pudes*, ou *puderis* et autres formes semblables, ce n'est pas du latin. Mais lorsqu'on les décline, on les parcourt en ajoutant les personnes exprimées par des pronoms, comme dans *curritur a me*, *a te*, *ab illo*, *a nobis*, *a uobis*, *ab illis* [on court, en ce qui me / te / le / nous / vous / les concerne][2] ; *currebatur a me*, *a te*, *ab illo*, *a nobis*, *a uobis*, *ab illis*, etc. [on courait, en ce qui me / te / le / nous / vous / les

Deponens est quod *r* littera terminatur, qua deposita Latinum non est neque uim actiui et passiui potest implere, ut est *luctor*. Neutrum est quod *o* littera terminatur et *r* si acceperit Latinum non est, ut est *fulgeo*. Commune est quod *r* littera terminatur et uim actiui atque passiui habet, ut est *criminor* : dicimus enim *criminor illum, criminor ab illo* tamquam *scribo illum* et *scribor ab illo*. Sunt alia uerba quae in nullam memoratarum syllabam exeunt sed inter neutra deputantur, ut *odi, noui, memini*; item *sum, prosum, possum*.

49. Numerus singularis uerborum est ut *scribo*, pluralis ut *scribimus*. Figura simplex ut *scribo*, composita ut *describo*.

50. Persona prima ut *scribo*, secunda ut *scribis*, tertia ut *scribit*. Sunt etiam uerba quae impersonalia dicuntur, quae quasi in tertiis personis manserunt. Horum alia sunt quae a personalibus trahuntur, ut *scribitur, legitur, curritur*, alia quae suum genus possident, ut *pudet, taedet, paenitet, libet* : non enim Latinum est *pudeo* aut *pudeor* aut *pudes* aut *puderis*, et similia. Cum autem declinantur, additis personis pronominum percurrenda sunt, ut *curritur a me, a te, ab illo, a nobis, a uobis, ab illis ; currebatur a me, a te,*

post deposita r *P* || acceperit : acciperit *P* || *ante* criminor et *add. mai* || et scribor : ut scribor *mai* || in nullam : non nullam *B* || prosum : praesum *mai* || **50.** personalibus : *falso* personabilibus *w scripsit* || pudet *V p.c. B P* : putet *V a.c.* || aut *ante* pudeo (pedeo *B*) *et ante* pudes ut *B* || pudes *V p.c. B P* : pedes *V a.c.*

concerne]. De même pour *pudet me*, *te*, *illum*, *nos*, *uos*, *illos* [la honte me / te / le / nous / vous / les tient] et autres formes de ce genre.

51. [IV 6] Les modes des verbes sont plus ou moins nombreux, selon ceux qui les comptent[1], sans pourtant que la règle des conjugaisons en soit affectée. Nous sommes de l'avis de ceux qui en ont énuméré un plus petit nombre, à savoir : l'indicatif, l'impératif, le subjonctif[2], l'optatif, l'infinitif. Le mode indicatif est le mode par lequel nous affirmons ; par exemple *scribo* [j'écris], *scribebam* [j'écrivais], *scripsi* [j'écrivis], *scripseram* [j'avais écrit], *scribam* [j'écrirai]. L'impératif est celui par lequel nous ordonnons que quelque chose se fasse ; par exemple *scribe* [écris !], *scribite* [écrivez !]. Le subjonctif est celui devant lequel on met *cum* [que] et qui est tel que, lorsqu'on l'a formulé, la phrase est encore en suspens et qu'il reste à lui joindre quelque chose ; il s'agit de *cum scriberem* [que j'écrivisse]. L'optatif est le mode par lequel nous souhaitons [*optamus*] ; par exemple : *utinam scribam* [puissé-je écrire][3]. L'infinitif est celui qui n'est déterminé ni par un nombre ni par des personnes, ni non plus, parfois, par le temps[4], comme *scribere* [écrire], *scripsisse* [avoir écrit].

LES TEMPS

52. [IV 7] Il y a trois temps des verbes : le présent, comme *scribo* ; le passé, comme *scripsi* ; le futur, comme *scribam*[1].

53. [IV 8] Il y a trois conjugaisons[1] : la première, la deuxième et la troisième. La première est celle qui a un *a* avant la dernière lettre à la deuxième personne du singulier du présent de l'indicatif, et aux formes passives, avant la dernière

ab illo, a nobis, a uobis, ab illis et cetera. Item *pudet me, te, illum, nos, uos, illos* et talia.

51. Modi uerborum ab aliis plures ab aliis pauciores numerantur, salua tamen ratione declinandi. Nobis illi placent qui pauciores notauerunt, id est indicatiuum, imperatiuum, coniunctiuum, optatiuum, infinitiuum. Indicatiuus est per quem aliquid adfirmamus, ut *scribo, scribebam, scripsi, scripseram, scribam*. Imperatiuus per quem ut aliquid fiat compellimus, ut est *scribe, scribite*. Coniunctiuus cui praeponitur *cum* et quo enuntiato pendet adhuc sententia, et aliquid coniungendum manet, id est *cum scriberem*. Optatiuus per quem optamus, ut est *utinam scribam*. Infinitiuus qui neque numeris neque personis certus est, et aliquando nec tempore, ut *scribere, scripsisse*.

DE TEMPORIBVS

52. Tempora uerborum tria sunt : praesens, ut *scribo*, praeteritum ut *scripsi*, futurum ut *scribam*.

53. Coniugationes sunt tres : prima, secunda, tertia. Prima est quae indicatiuo modo in praesenti tempore, numero singulari, secunda persona *a* habet ante nouissimam litteram, in passiuis autem ante nouis-

nos : non *B* || **51.** numerantur : memorantur *P* || declinandi *B P* : declina di *V* || coniunctiuum *post* optatiuum *ut omissum P* || infinitiuum *B w* : infinitum *V P* || ut aliquid : ad (ud *legit w*) aliquid *B* || est *ante* scribe *om. mai* || et aliquid *om. B* || manet : monet *V B P corr. mai quem w est secutus ut ex V* || id est *post* manet *V B P* : ut est *w* || ut est *post* optamus : id est *B* || infinitiuus *w* : infinitus *V B P* || certus *B w* : certum *V P* certis *mai* || nec tempore *V p.c. P* : nec temporum *V a.c.* ut temporum *B* || **52.** de temporibus *V B* : de tempora uerborum *P* || **53.** numero : numeri *mai.*

syllabe ; exemple : *clamas* [tu proclames], *clamaris* [tu es proclamé], *uocas* [tu appelles], *uocaris* [tu es appelé]. La seconde est celle qui a un *e* long avant la dernière lettre, au mode, au temps, au nombre et à la personne susmentionnés, et aux formes passives, avant la dernière syllabe ; exemple : *mones* [tu avertis], *moneris* [tu es averti], *doces* [tu enseignes], *doceris* [tu es enseigné]. La troisième est celle qui a un *i* bref, au même endroit, à l'actif, et un *e* bref aux formes passives, avant la dernière syllabe ; exemple : *scribis* [tu écris], *scriberis* [tu es écrit], *legis* [tu choisis], *legeris* [tu es choisi]. Il y a une conjugaison qui est dite « troisième longue » et que certains appellent de façon plus distincte la quatrième. Cette conjugaison a aux mêmes endroits un *i* long ; exemple : *audis* [tu entends], *audiris* [tu es entendu], *nutris* [tu nourris], *nutriris* [tu es nourri]. Il est facile de la reconnaître en examinant le mode impératif. En effet, quand un verbe est de cette quatrième conjugaison, l'impératif finit en *i*, comme *audi* [entends !], *nutri* [nourris !]. La première et la deuxième conjugaison forment leur futur de l'indicatif avec la syllabe *bo*, la troisième conjugaison brève, avec *am*, la troisième longue – ou la quatrième, si l'on préfère l'appeler ainsi –, soit avec *am*, soit avec *bo*. Nous disons en effet, dans le cas de la première conjugaison, *clamabo* [je proclamerai], *uocabo* [j'appellerai] ; dans le cas de la deuxième, *monebo* [j'avertirai], *docebo* [j'enseignerai] ; dans le cas de la troisième, *scribam* [j'écrirai], *legam* [je choisirai] ; dans le cas de la quatrième, soit *audiam* soit *audibo* [j'entendrai], soit *nu-*

simam syllabam, ut *clamas, clamaris, uocas, uocaris*. Secunda est quae modo supradicto et tempore, numero et persona *e* habet productam ante nouissimam litteram, in passiuis autem ante syllabam, ut *mones, moneris, doces, doceris*. Tertia est quae in eodem loco actiui *i* habet correptam, in passiuis uero *e* correptam ante nouissimam syllabam, ut *scribis, scriberis, legis, legeris*. Est tertia producta quae dicitur, quam nonnulli distinctius quartam uocant ; haec eisdem locis *i* productam habet, ut *audis, audiris, nutris, nutriris*. Dinosci autem facile potest animaduerso imperatiuo modo : nam cum uerbum est huius quartae coniugationis, imperatiuus modus in *i* exit, ut *audi, nutri*. Futurum autem tempus indicatiui modi prima et secunda coniugatio in *bo* syllabam mittit, tertia correpta in *am*, tertia producta — siue quartam eam dici placet — et in *am* et in *bo* : dicimus enim a prima *clamabo, uocabo*, a secunda *monebo, docebo*, a tertia *scribam, legam*, a quarta et *audiam* et *audibo*, et *nutriam* et

uocaris : cocaris *B* || productam : productum *P* || litteram[2] : syllabam *V a.c.* || est *post* tertia *om. mai* || correptam *bis* : corruptum *P* || uero *ante* e correptam *V P* : autem *mai B w* || quam *V p.c. B* : quamquam *V a.c. P mai* || *ante* nonnulli non *false mai* || eisdem *w P* : isdem *V a.c. B* hisdem *V p.c. mai* || locis : licis *P a.c.* || productam *mai w* : productum *V B P* || coniugationis : coiugationis *V a.c.* || imperatiuus modus : imperatiuis modis *B* || quartam *V mar* : quarta *B P w* || et *ante* in am *om. mai* || a *ante* prima *addidi una cum mar* || a *ante* secunda *V B P mar del. mai w* || monebo *una cum mar correxi* : mouebo *V B P* || docebo : decebo *P* || a *ante* tertia *V B P mar del. mai w* || a *ante* quarta *V B P mar del. mai w*.

triam soit *nutribo* [je nourrirai][2]. Cette syllabe se transforme, aux formes passives, en *bor* et *ar* ; exemple : *clamabor* [je serai proclamé], *monebor* [je serai averti], *scribar* [je serai inscrit], *audiar* et *audibor* [je serai entendu].

54. [IV 9] Il y a quatre formes des verbes[1] : la première est la forme parfaite, de laquelle dérivent les trois autres. En effet, *calesco* [je m'échauffe] est une forme inchoative, dont la forme parfaite est *caleo* [je suis chaud] ; la désidérative est *parturio* [je suis sur le point d'accoucher], dont la forme parfaite est *pario* [j'accouche] ; la fréquentative est *cursito* [je ne cesse de courir çà et là], dont la forme parfaite est *curso* [je cours çà et là][2].

55. [IV 10] Les verbes se déclinent de la façon suivante : *scribo* est un verbe actif, au présent, à la première personne, de la troisième conjugaison. On le conjuguera ainsi : à l'indicatif présent, au singulier et à toutes les personnes : *scribo*, *scribis*, *scribit* [j'écris, tu écris, il écrit] ; et au pluriel : *scribimus*, *scribitis*, *scribunt* [nous écrivons, vous écrivez, ils écrivent]. Au même mode, au passé, à la forme de l'imparfait : *scribebam*, *scribebas*, *scribebat*, *scribebamus*, *scribebatis*, *scribebant* [j'écrivais, etc.]. Au même mode, au même temps, au type parfait : *scripsi*, *scripsisti*, *scripsit*, *scripsimus*, *scripsistis*, *scripserunt* ou *scripsere* [j'écrivis, etc.]. Au même mode, au même temps, au type plus-que-parfait : *scripseram*, *scripseras*, *scripserat*, *scripseramus*, *scripseratis*, *scripserant* [j'avais écrit, etc.]. Au même mode, au futur : *scribam*, *scribes*, *scribet*, *scribemus*, *scribetis*, *scribent* [j'écrirai, etc.].

56. [IV 11] À l'impératif présent, il n'y a de formes qu'aux deuxième et troisième personnes, car il n'est pas ad-

nutribo. Quae syllaba in passiuis in *bor* et *ar* commutatur, ut *clamabor, monebor, scribar, audiar* et *audibor*.

54. Formae uerborum sunt quattuor : prima perfecta est, a qua tres ceterae deriuantur : inchoatiua enim est *calesco*, cuius perfecta est *caleo*; meditatiua est *parturio*, cuius perfecta est *pario*; frequentatiua est *cursito*, cuius perfecta est *curso*.

55. Declinantur autem uerba hoc modo : *scribo* uerbum actiuum temporis praesentis personae primae coniugationis tertiae, quod declinabitur sic : modo indicatiuo tempore praesenti numero singulari personis omnibus : *scribo, scribis, scribit*, et pluraliter : *scribimus, scribitis, scribunt*; eodem modo tempore praeterito specie imperfecta : *scribebam, scribebas, scribebat, scribebamus, scribebatis, scribebant*; eodem modo eodem tempore specie perfecta : *scripsi, scripsisti, scripsit, scripsimus, scripsistis, scripserunt* uel *scripsere*; eodem modo eodem tempore specie plusquamperfecta : *scripseram, scripseras, scripserat, scripseramus, scripseratis, scripserant*; eodem modo tempore futuro : *scribam, scribes, scribet, scribemus, scribetis, scribent*.

56. Imperatiuo modo tempore praesenti ad secundam et tertiam personam tantum : haberi namque

ante ar m *P* || commutatur *V P w* : commutabor *B* || monebor *w forte ut mendum* : mouebor *V* u *uocali antea scripta et deleta B P* || **54.** *ante* prima p *dupl. P* || deriuantur : diriuantur *P* || meditatiua : maditatiua *P* || **55.** numeri : numero *P* || et pluraliter *om. P* || eodem modo *primo loco dupl. P* || imperfecta : perfecta *B* || eodem tempore *secundo loco* : tempore *B P* || eodem tempore *tertio loco* : tempore *P* || *ante* specie perfecta praeterito *add. B* || **56.** ad secundam *V P mar* : a secundam *B* a secunda *w* || tertiam personam *V B P mar* : tertia persona *w* || haberi *w* : habere *V B P*.

mis qu'il y en ait à première personne[1] : *scribe* [écris !], *scribat* [qu'il écrive !], *scribite* [écrivez !], *scribant* [qu'ils écrivent !]. D'aucuns ajoutent les premières personnes : au singulier, *scribam* [que j'écrive !], au pluriel, *scribamus* [écrivons !]. D'autres n'ajoutent pas cette personne au singulier, mais l'ajoutent au pluriel. Au même mode, au futur, au singulier : *scribito*, *scribito*[2]. Au pluriel : *scribitote*, *scribunto*[3].

57. [IV 12] Au subjonctif présent, au singulier : *cum scribam*, *scribas*, *scribat* [que j'écrive, etc.]. Au pluriel : *cum scribamus*, *scribatis*, *scribant* [que nous écrivions, etc.]. Au même mode, au même temps, à la forme de l'imparfait : *cum scriberem*, *scriberes*, *scriberet*, *cum scriberemus*, *scriberitis*, *scriberent* [que j'écrivisse, etc.]. Au même mode, au même temps, à la forme du parfait : *cum scripserim*, *scripseris*, *scripserit*, *cum scripserimus*, *scripseritis*, *scripserint* [que j'aie écrit, etc.]. Au même mode, au même temps, à la forme du plus-que-parfait : *cum scripsissem*, *scripsisses*, *scripsisset*, *cum scripsissemus*, *scripsissetis*, *scripsissent* [que j'eusse écrit, etc.]. Au même mode, au futur : *cum scripsero*, *scripseris*, *scripserit*, *cum scripserimus*, *scripseritis*, *scripserint* [que je doive écrire, etc.]. Assurément, il faut savoir qu'à tous les verbes à l'indicatif, on peut ajouter *cum*, et que de ce fait le verbe acquiert le statut du subjonctif[1].

58. [IV 13] À l'optatif présent : *utinam scriberem*, *scriberes*, *scriberet*, *utinam scriberemus*, *scriberitis*, *scriberent* [si seule-

prima negatur : *scribe, scribat, scribite, scribant.* Sunt qui et primas addant singulari numero *scribam*, plurali *scribamus.* Sunt qui singulari non addant et plurali addant. Eodem modo tempore futuro singulariter : *scribito*, *scribito*; pluraliter : *scribitote*, *scribunto.*

57. Modo coniunctiuo tempore praesenti singulariter : *cum scribam, scribas, scribat*; pluraliter : *cum scribamus, scribatis, scribant*; eodem modo tempore praeterito specie imperfecta : *cum scriberem, scriberes, scriberet, cum scriberemus, scriberetis, scriberent*; eodem modo eodem tempore specie perfecta : *cum scripserim, scripseris, scripserit, cum scripserimus, scripseritis, scripserint*; eodem modo eodem tempore specie plusquamperfecta : *cum scripsissem, scripsisses, scripsisset, cum scripsissemus, scripsissetis, scripsissent*; eodem modo tempore futuro : *cum scripsero, scripseris, scripserit, cum scripserimus, scripseritis, scripserint*. Sane sciendum est omnibus uerbis indicatiui modi addi posse *cum*, et ab hoc eum in coniunctiui conditionem uerti.

58. Modo optatiuo tempore praesenti : *utinam scriberem, scriberes, scriberet, utinam scriberemus, scri-*

sunt qui et : sunt et qui *P* || addant[1] *una cum mar correxi* : addunt *V B P* || addant[2, 3] *V B P* : addunt *mai w* || *ante* addant[3] non *add. P* || singulariter *V P mar* : singulari *w ex B* singl. || scribito (scribit *priori loco B qui ibi non iterauit et alteram formam post* pluraliter *ut omissam scripsit*) *V P mai* || pluraliter *V P mar* : plurali *w ex B* plr. || scribitote : scribito to te *B* || scribunto : scribunt *mai* || **57.** eodem tempore *bis* : tempore *P* || scripsissemus *mai* : scribsemus *V* scripsemus *B* scripsis semus *P spatio medio eraso* || scripsissetis : scripsetis *B* || omnibus *V P mar* : in omnibus *B w* || modi : modo *B* || posse : posso *B* || ab hoc : ab hac *B a.c.* || eum *w* : eam *V B P* ea *dubitanter mar.*

ment j'écrivais !, etc.]. Au même mode, au passé, à la forme du parfait : *utinam scripserim*, *scripseris*, *scripserit*, *utinam scripserimus*, *scripseritis*, *scripserint* [puissé-je avoir écrit !, etc.]. Au même mode, au même temps, à la forme du plus-que-parfait : *utinam scripsissem*, *scripsisses*, *scripsisset*, *utinam scripsissemus*, *scripsissetis*, *scripsissent* [si seulement j'avais écrit !, etc.]. Au même mode, au futur : *utinam scribam*, *scribas*, *scribat*, *utinam scribamus*, *scribatis*, *scribant* [puissé-je écrire !, etc.]. Certains pensent[1] que ce mode n'a pas de type parfait au passé, parce que personne, pour ainsi dire, n'appelle de ses vœux quelque chose qui est déjà accompli[2]. Mais si c'était vrai, il faudrait, à bien plus forte raison, que ce mode n'ait pas de plus-que-parfait ! Il en est aussi qui nient qu'il ait un imparfait ; c'est ainsi que nous venons de le conjuguer. Et d'autres attribuent au passé du type imparfait les formes que nous attribuons, nous, au présent dans cette conjugaison, et ils conjuguent au présent les formes que nous conjuguons, nous, au futur. Mais comme la chose est claire, il est inutile de se battre au sujet des dénominations.

59. [IV 14] À l'infinitif, en ce qui concerne les différents nombres, temps et personnes, pour le temps, seul défini : *scribere* [écrire] ; au passé, *scripsisse* [avoir écrit] ; au futur, *scriptum ire* [devoir écrire][1]. Au même mode, on trouve comme

beretis, scriberent; eodem modo tempore praeterito specie perfecta : *utinam scripserim, scripseris, scripserit, utinam scripserimus, scripseritis, scripserint*; eodem modo eodem tempore specie plusquamperfecta : *utinam scripsissem, scripsisses, scripsisset, utinam scripsissemus, scripsissetis, scripsissent*; eodem modo tempore futuro : *utinam scribam, scribas, scribat, utinam scribamus, scribatis, scribant.* Sunt qui putant istum modum non habere praeteriti temporis perfectam speciem, quod quasi nemo optet quod iam perfectum est. Quod si uerum esset, multo magis habere non debuit plusquamperfectum! Sunt item qui negent habere imperfectum, ut a nobis modo declinatum est; sunt uero qui quod nos ista declinatione praesenti tempori tribuimus, hoc imperfectae speciei praeteriti temporis tribuant, et quod nos futuro, hoc illi praesenti tempore declinent : sed cum res in aperto sit, de appellationibus certare superfluum est.

59. Modo infinitiuo numeris, temporibus et personis *scribere* solo tempore finito, praeterito *scripsisse*, futuro *scriptum ire*. Eodem modo quarta specie *scri-*

58. scripseris *post* scripserit *B* || eodem tempore : tempore *P* || scripsissemus : scripsemus *V B* || scripsissetis scripsissent : setis sent *P* || scribas scribat : bas bat *P* || scribatis scribant : batis bant *P* || optet *V P w* : oportet *B* || debuit *V P w* : habuit *B* || tempori *V p.c. mai w* : tempore *V a.c. P* : têpr. *B* || et quod : eut quod *B* || praesenti[1] : praesentis *B* || certare *om. B* || **59.** infinitiuo *V w* : infinito *B* infiniti *P* || *ante* quarta a *add. V B P negl. mai w.*

quatrième type *scribendi*, *scribendo*, *scribendum* [écrire, gén., dat. / abl., acc.], *scriptum*, *scriptu* [pour / à écrire] – c'est ainsi que certains appellent le type participial[2].

60. [IV 15] Deux participes dérivent du verbe actif[1] ; par exemple, au présent, *scribens* [écrivant] ; au futur, *scripturus* [étant sur le point d'écrire].

61. [IV 16] À partir du verbe se forment des noms que l'on appelle déverbaux[1] ; l'un est du masculin et du neutre, par exemple *scriptor* [écrivain][2], et il forme son féminin en *trix* : *scriptrix* ; l'autre est seulement du féminin, comme *scriptio* [l'action d'écrire]. Ces noms sont dérivés du participe passé. En effet, à partir de *scriptus*, par une transformation de la syllabe *us* en *or*, on a *scriptor* ; et par sa transformation en *io*, on a *scriptio*. Mais à cause de la rudesse phonique[3], beaucoup de ces noms ne font pas, à partir de cette forme première, de féminin, ni de neutre pluriel, car à partir de *pressor* [rabatteur], personne ne dit *prestrix* ou *prestricia*. Pourtant *tonsor* [barbier] donne *tonstrix*, si puissantes sont l'autorité et l'habitude en matière de langage.

LE VERBE PASSIF

62. [IV 17] Le verbe passif se décline de la façon suivante : *scribor* est un verbe passif, au présent, à la première personne de la troisième conjugaison. On le conjugera ainsi : à l'indicatif présent : *scribor*, *scriberis*[1], *scribitur*, *scribimur*,

bendi, scribendo, scribendum, scriptum, scriptu, quemadmodum participalem a nonnullis uocari comperi.

60. Participia ueniunt a uerbo actiuo duo, praesentis temporis ut *scribens*, futuri ut *scripturus*.

61. Fiunt de uerbo nomina quae uerbialia dicuntur : unum quod est generis masculini et neutri, ut *scriptor*, et femininum mittit in *trix* ut *scriptrix*; alterum est generis tantum feminini, ut *scriptio*. Quae nomina magis a participio praeteriti temporis flectuntur : ab eo enim quod est *scriptus*, mutata *us* syllaba in *or*, *scriptor* facit, in *io*, *scriptio*. Sed multa, propter asperitatem, non faciunt ex illo primo genus femininum, neque neutrum pluraliter : ab eo enim, quod est *pressor*, nemo dicit *prestrix* aut *prestricia*. Facit tamen *tonsor tonstrix*, tanta est uis auctoritatis et consuetudinis in loquendo.

DE VERBO PASSIVO

62. Verbum passiuum declinatur hoc modo : *scribor* uerbum passiuum temporis praesentis personae primae coniugationis tertiae, quod declinabitur sic : modo indicatiuo tempore praesenti : *scribor, scribe-*

scriptu *om. V* || quemadmodum *B mai w* : quem modum *V P* || **61.** uerbo : buerbo *B* || nomina : nimia *B* || flectuntur *om. B* || syllaba *om. P* || *ante* scriptor ut *P* || scriptor : scriptior *B* || scriptio : scribtio *V p.c.* spcribtio *V a.c.* || flectuntur *om. B* || illo : eo *P a.c.* || primo : promo *V a.c.* || genus *V B P mar* : genere *mai w* || prestrix : pestrix *B* || dicit *om. B* || prestricia *om. B* || facit *om. B* || tamen *V p.c. B P mai om. V a.c.* || tonstrix : toonstrix *P* || tanta est uis *coni. m w* : tantes uis *B* tantesuis *P* tantae suis *V* tantae est *mai* || loquendo : loquendi *B*.

scribimini, *scribuntur* [je suis écrit, etc.]. Au même mode, au passé, au type imparfait : *scribebar*, *scribebaris*, *scribebatur*, *scribebamur*, *scribebamini*, *scribebantur* [j'étais écrit, etc.]. Au même mode, au même temps, au type parfait : *scriptus sum*, *es*, *est*, *scripti sumus*, *estis*, *sunt* [je fus écrit, etc.]. Au type parfait antérieur[2] : *scriptus fui*, *fuisti*, *fuit*, *scripti fuimus*, *fuistis*, *fuerunt* ou *fuere* [je me suis trouvé écrit, etc.]. Au même mode, au même temps, au type plus-que-parfait : *scriptus eram*, *eras*, *erat*, *scripti eramus*, *eratis*, *erant* [j'avais été inscrit, etc.] ; et au plus-que-parfait antérieur : *scriptus fueram*, *fueras*, *fuerat*, *scripti fueramus*, *fueratis*, *fuerant* [je m'étais trouvé écrit, etc.]. Au même mode, au futur : *scribar*, *scriberis*, *scribetur*, *scribemur*, *scribemini*, *scribentur* [je serai écrit, etc.].

63. [IV 18] À l'impératif présent : *scribere* [sois écrit !], *scribatur* [qu'il soit écrit !], *scribimini* [soyez écrits !], *scribantur* [qu'ils soient écrits]. Au même mode, au futur : *scribitor*, *scribitor*, *scribiminor*, *scribuntor* [que tu sois / qu'il soit / que vous soyez / qu'ils soient écrit(s)][1].

64. [IV 19] Au subjonctif présent : *cum scribar*, *scribaris*, *scribatur*, *cum scribamur*, *scribamini*, *scribantur* [que je sois écrit, etc.]. Au même mode, au passé, au type imparfait :

ris, scribitur, scribimur, scribimini, scribuntur; eodem modo tempore praeterito specie imperfecta : *scribebar, scribebaris, scribebatur, scribebamur, scribebamini, scribebantur*; eodem modo eodem tempore specie perfecta : *scriptus sum, es, est, scripti sumus, estis, sunt*; et ulteriore perfecta : *scriptus fui, fuisti, fuit, scripti fuimus, fuistis, fuerunt* uel *fuere*; eodem modo eodem tempore specie plusquamperfecta : *scriptus eram, eras, erat, scripti eramus, eratis, erant*; et ulteriore plusquamperfecta : *scriptus fueram, fueras, fuerat, scripti fueramus, fueratis, fuerant*; eodem modo tempore futuro : *scribar, scriberis, scribetur, scribemur, scribemini, scribentur*.

63. Modo imperatiuo tempore praesenti : *scribere, scribatur, scribimini, scribantur*; eodem modo tempore futuro : *scribitor, scribitor, scribiminor, scribuntor*.

64. Modo coniunctiuo tempore praesenti : *cum scribar, scribaris, scribatur, cum scribamur, scribamini, scribantur*; eodem modo tempore praeterito specie

62. eodem modo *primo loco* : modo imperatiuo scribere — [64] modo coniunctiuo *mai qui hic locauit quas in margine sup. scriptas imperatiui formas inuenit in V* || *ante* specie et *add. w* || scribebatur : scribatur *B* || scribebamur : scribabantur *B* || scribebamini scribebantur : mini bantur *P* || eodem tempore *priori loco* : tempore *P* || scriptus sum — ulteriore perfecta *om. mai* || scripti[1] : pluraliter *P* || ulteriore : ulteriore modo *P* || eodem tempore *altero loco* : tempore *P* || scripti[3] *om. P* || scripti — erant *om. B* || plusquamperfecta *om. P* || fueras fuerat : ras rat *P* || fueratis fuerant : tis rant *P* || scribar *B P w* : scribor *V* scriber *mai* || scribemini scribentur : mini bentur *P* || **63.** tempore praesenti *om. V* || scribere — scribuntor *in margine sup. ut omissa V p.c.* || scribatur : batur *P* || scribimini *P w* : scribemini *V B* || scribantur : bantur *P* || modo *om. P* || scribitor *semel tantum V P* || scribiminor scribuntor : minor buntor *P* || **64.** modo coniunctiuo *in margine sup. ut omissa V p.c.* || praesenti *V P w om. B* || scribaris scribatur : baris batur *P* || scribamini scribantur : mini bantur *P* || praeterito *om. P*.

cum scriberer, *scribereris*, *scriberetur*, *cum scriberemur*, *scriberemini*, *scriberentur* [que je fusse écrit, etc.]. Au même mode, au même temps, au type parfait : *cum scriptus sim*, *sis*, *sit*, *cum scripti simus*, *sitis*, *sint* [que j'aie été écrit, etc.] ; et au type parfait antérieur : *cum scriptus fuerim*, *fueris*, *fuerit*, *cum scripti fuerimus*, *fueritis*, *fuerint* [que je me sois trouvé écrit, etc.]. Au même mode, au même temps, au type plus-que-parfait : *cum scriptus essem*, *esses*, *esset*, *cum scripti essemus*, *essetis*, *essent* [que j'eusse été écrit, etc.]. Et au type plus-que-parfait antérieur : *cum scriptus fuissem*, *fuisses*, *fuisset*, *cum scripti fuissemus*, *fuissetis*, *fuissent* [que je me fusse trouvé écrit, etc.]. Au même mode, au futur[1] : *cum scriptus ero, eris, erit, erimus, eritis, erint* [que je doive être écrit, etc.]. Au futur antérieur : *cum scriptus fuero*, *fueris*, *fuerit*, *cum scripti fuerimus*, *fueritis*, *fuerint* [que je doive me trouver écrit, etc.].

65. [IV 20] À l'optatif présent : *utinam scriberer*, *scribereris*, *scriberetur*, *utinam scriberemur*, *scriberemini*, *scriberentur* [si seulement j'étais écrit !, etc.]. Au même mode, au passé, au type parfait : *utinam scriptus sim*, *sis*, *sit*, *utinam scripti simus*, *sitis*, *sint* [puissé-je avoir été écrit !, etc.] ; au type par-

imperfecta : *cum scriberer, scribereris, scriberetur, cum scriberemur, scriberemini, scriberentur*; eodem modo eodem tempore specie perfecta : *cum scriptus sim, sis, sit, cum scripti simus, sitis, sint*; et ulteriore specie perfecta : *cum scriptus fuerim, fueris, fuerit, cum scripti fuerimus, fueritis, fuerint*; eodem modo eodem tempore specie plusquamperfecta : *cum scriptus essem, esses, esset, cum scripti essemus, essetis, essent*; et ulteriore specie plusquamperfecta : *cum scriptus fuissem, fuisses, fuisset, cum scripti fuissemus, fuissetis, fuissent*; eodem modo tempore futuro : *cum scriptus ero, eris, erit, cum scripti erimus, eritis, erunt*; et ulteriore futuro : *cum scriptus fuero, fueris, fuerit, cum scripti fuerimus, fueritis, fuerint*.

65. Modo optatiuo tempore praesenti : *utinam scriberer, scribereris, scriberetur, utinam scriberemur, scriberemini, scriberentur*; eodem modo tempore praeterito specie perfecta : *utinam scriptus sim, sis, sit, utinam scripti simus, sitis, sint*; ulteriore perfecta :

scribereris *etc.* : reris retur remur remini rentur *P* || eodem tempore *priori loco* : tempore *P* || cum *ante* scriptus fuerim *om. mai* || fueris fuerit : ris rit *P* || fueritis fuerint : ritis rint *P* || eodem tempore *altero loco* : tempore *P* || cum scripti *tertio et quarto et quinto loco om. P* || essetis : tis *P* || specie plusquamperfecta *om. P* || cum scripti *quarto loco om. V* cum *tantum rest. mai* || fuisses, *etc.* : ses set fuissemus setis sent *P* || eodem modo tempore : eodem tempore *P* || ero, *etc.* : ro ris erit erimus ritis erunt *P* || eritis : eris *B* || erunt : erint *mai* || ulteriore futuro : ulteriore modo *P* || fueris fuerit : ris rit *P* || fueritis fuerint : ritis rint *P* || **65.** scriberemur : *dupl. B* || scriberemini scriberentur : remini rentur *P* || *ante* utinam scriptus sim utinam scriptus fuerimfufueris fuerit *B* || utinam scriptus — ulteriore perfecta *in marg. P* || utinam scripti *primo loco om. P* || scripti simus : scripsimus *B* || ulteriore perfecta : et ulteriore *P*.

fait antérieur : *utinam scriptus fuerim*, *fueris*, *fuerit*, *utinam scripti fuerimus*, *fueritis*, *fuerint* [puissé-je m'être trouvé écrit !, etc.]. Au même mode, au même temps, au type plus-que-parfait : *utinam scriptus essem*, *esses*, *esset*, *utinam scripti essemus*, *essetis*, *essent* [si seulement j'avais été écrit !, etc.]. Au plus-que-parfait antérieur : *utinam scriptus fuissem*, *fuisses*, *fuisset*, *utinam scripti fuissemus*, *fuissetis*, *fuissent* [si seulement je m'étais trouvé écrit !, etc.]. Au même mode, au futur : *utinam scribar*, *scribaris*, *scribatur*, *utinam scribamur*, *scribamini*, *scribantur* [puissé-je être écrit !, etc.].

66. [IV 21] À l'infinitif, en ce qui concerne les différents nombres, temps et personnes, pour le temps, seul défini : *scribi* [être inscrit] ; au passé, *scriptum esse* [avoir été inscrit] ; au parfait antérieur, *scriptum fuisse* [s'être trouvé inscrit] ; au futur, *scriptum iri* [devoir être inscrit].

67. [IV 22] Des participes dérivent du verbe passif ; par exemple, au passé, *scriptus* [ayant été inscrit] ; au futur, *scribendus* [devant être inscrit][1]

68. [IV 23] Le verbe neutre, qui se termine en *o*, se conjugue comme un actif. Mais le déponent et le commun se conjuguent comme un passif, à ceci près que d'un verbe déponent dérivent trois participes, le présent, le passé et le futur : *luctans* [luttant], *luctatus* [ayant lutté], *luctaturus* [étant sur le point de lutter], tandis que d'un commun, il en dérive quatre[1] : le présent *criminans* [accusant / étant accusé], le passé *criminatus* [ayant accusé / ayant été accusé], et les deux futurs *criminaturus* [devant accuser], *criminandus* [devant être accusé].

69. [IV 24] Les verbes qui se terminent en *i* comme *odi* [je hais], *noui* [je sais], *memini* [je me souviens] se conjuguent de la façon suivante : *odi* est un verbe neutre, au singulier, de figure simple, au présent, à la première personne, qui n'appartient

utinam scriptus fuerim, fueris, fuerit, utinam scripti fuerimus, fueritis, fuerint; eodem modo eodem tempore specie plusquamperfecta : *utinam scriptus essem, esses, esset, utinam scripti essemus, essetis, essent*; ulteriore plusquamperfecta : *utinam scriptus fuissem, fuisses, fuisset, utinam scripti fuissemus, fuissetis, fuissent*; eodem modo tempore futuro : *utinam scribar, scribaris, scribatur, utinam scribamur, scribamini, scribantur*.

66. Modo infinitiuo numeris, temporibus et personis *scribi* solo tempore finito, praeterito *scriptum esse*, ulteriore praeterito *scriptum fuisse*, futuro *scriptum iri*.

67. Participia ueniunt a uerbo passiuo praeteriti temporis ut *scriptus*, futuri ut *scribendus*.

68. Neutrum uerbum quod in *o* exit ita ut actiuum declinatur. Deponens uero et commune ita ut passiuum nisi quod a uerbo deponenti participia tria ueniunt : praesens, praeteritum et futurum, ut *luctans, luctatus, luctaturus*; a communi autem quattuor praesens ut *criminans*, praeteritum ut *criminatus*, et duo futura ut *criminaturus, criminandus*.

69. Verba quae in *i* exeunt ut *odi, noui, memini* declinantur hoc modo : *odi* uerbum neutrum numeri singularis figurae simplicis temporis praesentis personae primae coniugationis nullius, quod declinabitur

fueris, *etc.* : ris rit fuerimus ritis rint *P* || eodem tempore *priori loco* : tempore *P* || esses esset : ses set *P* || essent : sent *P* || *post* ulteriore[2] praeterito P || fuisses fuisset : ses set *P* || fuissetis fuissent : setis sent *P* || eodem tempore *altero loco* : tempore *P* || scribaris : ris *P* || scribatur : tur *et fortasse* ri *antea P* || scribamini scribantur : mini bantur *P* || **66.** infinitiuo *V a.c. mai w* : infinito *V p.c. B P* || **67.** ut[2] *V P mar om. B negl. w* || **68.** uerbum *om. P* || ita ut *priori loco V B* : id ab *P* || a communi *B w* : commune *V P* || ut *ultimo loco om. P* || **69.** neutrum : neutri *B*.

à aucune conjugaison[1]. On le conjuguera ainsi : à l'indicatif présent : *odi*, *odisti*, *odit*, *odimus*, *odistis*, *oderunt* ou *odere* [je hais, etc.]. Au même mode, au passé, au type imparfait : *oderam*, *oderas*, *oderat*, *oderamus*, *oderatis*, *oderant* [je haïssais, etc.]. Il n'y a pas de type parfait ni plus-que-parfait. Il a un futur, qui est le suivant : *odero*, *oderis*, *oderit*, *oderimus*, *oderitis*, *oderint* [je haïrai, etc.]. Il n'a pas d'impératif. Au subjonctif présent, *cum oderim*, *oderis*, *oderit*, *cum oderimus*, *oderitis*, *oderint* [que je haïsse !, etc.]. Il n'a pas d'autres formes au subjonctif[2]. À l'optatif passé[3] : *utinam odissem*, *odisses*, *odisset*, *utinam odissemus*, *odissetis*, *odissent* [puissé-je avoir haï ! / si seulement j'avais haï !, etc.]. Au même mode, au futur : *utinam oderim*, *oderis*, *oderit*, *utinam oderimus*, *oderitis*, *oderint* [puissé-je haïr !, etc.]. Il n'a pas d'autres formes à l'optatif. À l'infinitif, aux différents nombres et aux différentes personnes, seulement défini pour le temps passé, *odisse* [avoir haï]. Il n'a pas d'autres formes, à moins peut-être que l'on puisse dire *osum ire* [devoir haïr][4]. L'un de ses participes fait au futur *osurus* [devant haïr], et l'autre, au passé, *osus* [ayant (pris) en haine][5], qui a pourtant le sens d'un présent et qui doit être entièrement considéré comme un présent parce que le sens d'un verbe neutre est tel qu'aucun participe passé ne peut en dériver[6]. Et il est clair, lorsque nous disons *osus illum sum* [je l'ai en haine], que nous voulons alors dire : *odi illum* [je le hais] – de même que lorsque nous disons *fulgens sum* [je suis en train de briller], nous ne disons pas autre chose que *fulgeo*

sic : modo indicatiuo tempore praesenti : *odi, odisti, odit, odimus, odistis, oderunt* uel *odere*. Eodem modo tempore praeterito specie imperfecta : *oderam, oderas, oderat, oderamus, oderatis, oderant.* Perfectam speciem et plusquamperfectam non habet. Futurum tempus habet quod est *odero, oderis, oderit, oderimus, oderitis, oderint*. Imperatiuum modum non habet. Modo coniunctiuo tempore praesenti : *cum oderim, oderis, oderit, cum oderimus, oderitis, oderint*. Cetera coniunctiui modi non habet. Modo optatiuo tempore praeterito : *utinam odissem, odisses, odisset, utinam odissemus, odissetis, odissent*. Eodem modo, tempore futuro : *utinam oderim, oderis, oderit, utinam oderimus, oderitis, oderint*. Cetera optatiui non habet. Modo infinito numeris et personis solo tempore finito praeterito *odisse*. Cetera non habet nisi forte *osum ire* dici possit. Participium facit unum futuri temporis *osurus*, et unum praeteriti *osus*, quod tamen uim praesentis tenet et omnino praesens habendum est propter uim uerbi neutri a quo praeteritum participium non uenit ; et manifestum est, cum dicimus « osus illum sum » pro eo nos dicere quod est « odi illum » — tamquam cum dicimus « fulgens sum » nihil aliud quam « fulgeo »

modo[2] *om.* *P* || oderat : rat *P* || oderatis oderant : ratis rant *P* || oderitis oderint : ritis rint *P* || cum oderim oderis, *etc.* : cum oderim ris rit rimus ritis rint *P* || praeterito[2] : praesenti *P* || utinam odissem : utinam odisse *B* || odissetis odissent : setis sent *P* || modo[5] *om. P* || utinam oderim oderis, *etc. B* : utinam oderim ris rit rimus ritis rint *P* || utinam oderim — oderit *om. V a.c. in margine V p.c. omisso tamen* utinam || infinito *V B P* : infinitiuo *w* || solo *om. P* || *inter* tempore *et* finito (finita *B*) *spatium erasum praebet P* || unum *ante* futuri *om. B* || unum praeteriti *B w* : unum praeteritum *V P mar* || neutri *post* uerbi : neutrum *B*.

[je brille], ou mieux, de même que lorsque nous disons *scribens sum illum* [je suis en train de l'écrire], nous ne disons pas autre chose que *scribo illum* [je l'écris]. C'est pourquoi, bien que ces verbes aient été appelés des « neutres » parce qu'ils n'ont pas de formes passives, du fait pourtant qu'ils sont employés avec des accusatifs – car nous disons *odi illam rem* [je hais cette chose] et *noui illam rem* [je connais cette chose], à la façon dont nous disons *scribo illam rem* [j'écris cette chose] –, ils ont le sens d'un verbe actif, et je considère qu'ils doivent être appelés des actifs à part entière, mais qu'en vertu d'un comportement qui leur est propre, ils sont défectifs en ce qui concerne le passif tout comme ils le sont pour de nombreuses autres formes.

70. [IV 25] *Memini* [je me souviens] est un verbe similaire, et il se conjugue de façon similaire, à cette exception près que d'une part l'impératif futur est *memento*[1], † ... †[2] et ces formes d'impératif elles-mêmes se conjuguent de la même façon que les verbes énumérés plus haut –, et que d'autre part il n'a qu'un seul participe : *mementurus* [devant se souvenir][3].

71. [IV 26] *Noui* [je sais] est un verbe similaire et qui se conjugue comme *odi*, à ceci près qu'il a seulement un participe présent, et identique au participe passé, à savoir *notus*, qui est comme *osus*. Mais comme nous disons aussi bien *notus est mihi* [il est connu de moi] que *notus sum illi* [je suis connu de lui], tandis qu'il n'est pas admis que l'on puisse dire *osus sum illi* [*je suis en haine de lui], on voit aussi que sur ce point il s'en distingue[1].

72. [IV 27] Les verbes qui se terminent avec la syllabe *um*,

dicimus uel potius « scribens sum illum » nihil quam « scribo illum » dicimus. Quam ob rem ista uerba, quamuis propterea neutra dicta sunt quod passiua non faciant, tamen quia adiunguntur accusatiuis casibus — dicimus enim « odi illam rem » et « noui illam rem » quemadmodum « scribo illam rem » — uim actiui tenent, et omnino arbitror actiua appellanda, sed more suo, ut in multis deficiunt, ita deficere ne faciant passiua.

70. *Memini* simile uerbum est, et similiter declinatur excepto eo quod imperatiuum futuri temporis facit quod est *memento*, † tamquam et praeteriti temporis *faciat meminerit* † et declinantur ipsa imperatiua more superiorum uerborum —, et quod unum participium facit quod est *mementurus*.

71. *Noui* simile uerbum est et ita declinatur ut *odi*, nisi quod participium praesens tantum habet et simile praeterito quod est *notus* quemadmodum *osus*, sed quia et *notus est mihi* et *notus sum illi* dicimus, *osus sum* autem *illi* negatur posse dici, uidetur etiam hinc esse dissimile.

72. Verba quae in *um* syllabam exeunt ut *sum, pos-*

propterea *B w* : praeterea *V P* || tamen quia *B w* : tamen quae *V* tam quam *P* || casibus : cassibus *V* || appellanda sed *correxi* : appellant a se *P* adpellant a se *V p.c.* adpellant id a se *V a.c.* appellari easdem *B* appellanda et *mai* appellanda et eadem *w* || **70.** facit *om. P* || *ante* faciat *lacunam statuo* || tanquam — meminerit *locus deletus uerbatim restitui non potest, quem uide in commentario* || *post* faciat quod est V *B P mai w deleui ut emendationem lacunae* || *post* meminerit *lacunam statuo inter* more *et* superiorum superiore *V B del. mai* || **71.** est[2] *B w om. V P* || notus est : notus *B* || notus sum : notus sit *P* || dici : dicti *B* || **72.** possum : praesum *P*.

comme *sum* [je suis], *possum* [je peux], se conjuguent de la façon suivante : *sum* est un verbe neutre, au singulier, de figure simple, au présent, à la première personne, qui n'appartient à aucune conjugaison. On le conjuguera ainsi : à l'indicatif présent : *sum, es, est, sumus, estis, sunt* [je suis, etc.]. Au même mode, au passé du type imparfait : *eram, eras, erat, eramus, eratis, erant* [j'étais, etc.]. Au même mode, au même temps du type parfait : *fui, fuisti, fuit, fuimus, fuistis, fuerunt* ou *fuere* [je fus, etc.]. Au même mode, au même temps du type plus-que-parfait : *fueram, fueras, fuerat, fueramus, fueratis, fuerant* [j'avais été, etc.]. Au même mode, au futur : *ero, eris, erit, erimus, eritis, erunt* [je serai, etc.].

73. [IV 28] À l'impératif présent : *es* [sois !], *sit* [qu'il soit !], *este* [soyez !], *sint* [qu'ils soient !]. Au même mode, au futur : *esto, esto, estote, sunto*.

74. [IV 29] Au subjonctif présent, *cum sim, sis, sit, cum simus, sitis, sint* [que je sois, etc.]. Au même mode, au passé du type imparfait : *cum essem, esses, esset, cum essemus, essetis, essent* [que je fusse, etc.]. Au même mode, au même temps du type parfait : *cum fuerim, fueris, fuerit, cum fuerimus, fueritis, fuerint* [que j'aie été, etc.]. Au même mode, au même temps du type plus-que-parfait : *cum fuissem, fuisses, fuisset, cum*

sum hoc modo declinantur : *sum* uerbum neutrum numeri singularis figurae simplicis temporis praesentis personae primae coniugationis nullius, quod declinabitur sic : modo indicatiuo tempore praesenti : *sum, es, est, sumus, estis, sunt*; eodem modo tempore praeterito specie imperfecta : *eram, eras, erat, eramus, eratis, erant*; eodem modo eodem tempore specie perfecta : *fui, fuisti, fuit, fuimus, fuistis, fuerunt* uel *fuere*; eodem modo eodem tempore specie plusquamperfecta : *fueram, fueras, fuerat, fueramus, fueratis, fuerant*; eodem modo tempore futuro : *ero, eris, erit, erimus, eritis, erunt*.

73. Modo imperatiuo tempore praesenti : *es, sit, este, sint*; eodem modo tempore futuro : *esto, esto, estote, sunto*.

74. Modo coniunctiuo tempore praesenti : *cum sim, sis, sit, cum simus, sitis, sint*; eodem modo tempore praeterito specie imperfecta : *cum essem, esses, esset, cum essemus, essetis, essent*; eodem modo eodem tempore specie perfecta : *cum fuerim, fueris, fuerit, cum fuerimus, fueritis, fuerint*; eodem modo eodem tempore specie plusquamperfecta : *cum fuissem, fuisses,*

modo[2] *om. P* || indicatiuo : indeclinatiuo *B* || eodem tempore *priori loco* : tempore *P* || eodem tempore *altero loco* : tempore *B* || fueras, *etc.* : ras rat ramus ratis rant *P* || eodem modo — erunt *om. V B P add. w* || **73.** es sit : essit *mai dubitanter* || este sint *w* : es sint *V B P* essint *mai* || esto *iterauit w* : *semel tantum V B P* || *post* sunto *spatium relictum praebet P* || **74.** sim *om. P* || cum *ante* simus *B P om. V* || cum *ante* essemus *P mai w om. V B* || eodem tempore *priori loco* : tempore *P* || perfecta : inperfecta P || cum fuerim, *etc.* : cum fuerim ris rit rimus ritis rint *P* || cum *ante* fuerimus *om. B* || *post* fuerint[1] *reliqua om. B* || eodem tempore *altero loco* : tempore *P* || fuisses fuisset : ses set *P*.

fuissemus, *fuissetis*, *fuissent* [que j'eusse été, etc.]. Au même mode, au futur[1] : *cum ero*, *eris*, *erit*, *cum erimus*, *eritis*, *erint* [que je doive être, etc.]. Au futur antérieur : *cum fuero*, *fueris*, *fuerit*, *cum fuerimus*, *fueritis*, *fuerint* [que je doive me trouver, etc.].

75. [IV 30] À l'optatif présent : *utinam essem*, *esses*, *esset*, *utinam essemus*, *essetis*, *essent* [si seulement j'étais !, etc.]. Au même mode, au passé, du type parfait : *utinam fuerim*, *fueris*, *fuerit*, *utinam fuerimus*, *fueritis*, *fuerint* [puissé-je avoir été !, etc.]. Au même mode, au même temps, au type plus-que-parfait : *utinam fuissem*, *fuisses*, *fuisset*, *utinam fuissemus*, *fuissetis*, *fuissent* [si seulement j'avais été !, etc.]. Au même mode, au futur : *utinam sim*, *sis*, *sit*, *utinam simus*, *sitis*, *sint* [puissé-je être !, etc.].

76. [IV 31] À l'infinitif, en ce qui concerne les différents nombres, temps et personnes, pour le temps, seul défini : *esse* [être] ; au passé, *fuisse* [avoir été] ; au futur, *fore* [devoir être]. Ce verbe est défectif au quatrième type, ainsi qu'au participe présent ; mais certains savants[1], à une époque assez récente, ont aussi dit, comme ils étaient dans la nécessité de traduire et d'expliquer des formules profondes et divines : *essendi*, *essendo*, *essendum* [être, gén. dat. / abl. / acc.] et *essens* [étant], sur le modèle de *scribendi*, *scribendo*, *scribendum*, *scribens*.

77. [IV 32] *Possum* [je peux] est un verbe similaire. Il se dé-

fuisset, cum fuissemus, fuissetis, fuissent; eodem modo tempore futuro : *cum ero, eris, erit, cum erimus, eritis, erint*; futuro ulteriore : *cum fuero, fueris, fuerit, cum fuerimus, fueritis, fuerint*.

75. Modo optatiuo tempore praesenti : *utinam essem, esses, esset, utinam essemus, essetis, essent*; eodem modo tempore praeterito specie perfecta : *utinam fuerim, fueris, fuerit, utinam fuerimus, fueritis, fuerint*; eodem modo eodem tempore specie plusquamperfecta : *utinam fuissem, fuisses, fuisset, utinam fuissemus, fuissetis, fuissent*; eodem modo tempore futuro *utinam sim, sis, sit, utinam simus, sitis, sint*.

76. Modo infinitiuo numeris, temporibus et personis *esse* solo tempore finito, praeterito *fuisse*, futuro *fore*. In quarta specie deficit et in participio praesentis temporis, sed docti quidam temporis recentioris cum haberent necessitatem magna et diuina quaedam interpretandi explicandique et *essendi* et *essendo* et *essendum* et *essens* dixerunt, quemadmodum *scribendi, scribendo, scribendum, scribens*.

77. *Possum* simile uerbum est. Eodem modo decli-

fuissetis fuissent : setis sent *P* || modo[5] *om. P* || cum ero, *etc.* : cum ero ris rit erimus ritis rint *P* || cum fuero, *etc.* : cum fuero ris rit fuerimus ritis rint *P* || fueris : furis *V a.c.* || **75.** essem — utinam[2] *om. V P rest. mai* || essetis essent : setis sent *P* || modo[2] *om. P* || fueris fuerit : ris rit *P* || fueritis fuerint : ritis rint *P* || eodem *ante* tempore *B mai om. V P* || fuisses fuisset : ses set *P* || fuissetis fuissent : setis sent *P* || sis : sim *V a.c.* || modo *ultimo loco om. P* || **76.** infinitiuo *V p.c. B P* : infinito *V a.c. mai* || temporibus *om. k* || futuro *om. P* || magna *mai w* : magnam *V B P* || diuina *B mai* : diuinam *V P* || quaedam *V P w om. B* || explicandique *mai w* : explicandi *V B P* et explicandi *law* || et *ultimo loco add. mai* || essens : essen s *P* || **77.** eodem *P mai w* : eo *V B* || modo *om. P.*

cline de la même façon, mais au sujet de la deuxième personne de l'impératif, il y a un doute[1]. Quant au fait, cependant, que sa conjugaison est dépourvue du quatrième type <d'infinitif>, il n'est apparu personne pour innover également dans le cas de ce verbe. S'agissant des participes, *potens* [puissant] semble être le participe présent de ce verbe, mais il est plus juste de comprendre que c'est un nom[2], car à partir de *sum* [je suis], le participe futur que nous employons, c'est *futurus* [devant être].

78. [IV 33] Assurément, une fois que l'on a trouvé à quelle conjugaison ils appartiennent, les verbes se conjuguent assez facilement, à l'exception des formes du passé des types parfait et plus-que-parfait, et des formes au futur du subjonctif, et au passé de l'infinitif, au futur <de l'infinitif>, et, pour les participes, au futur de l'actif et du neutre, et à toute forme du passé[1]. C'est pourquoi dans la conjugaison des verbes, il y a trois enchaînements, qui font retenir chacun plusieurs formes verbales s'enchaînant de façon telle que, si une seule d'entre elles a été trouvée, on trouve très facilement toutes les autres. [IV 34] Le premier de ces enchaînements est appelé la conjugaison ; il relève de ce fait de l'art ; les deux autres dérivent de l'autorité ou de l'usage couramment admis[2].

79. En effet, une fois que l'on a trouvé quel est l'usage courant pour un verbe, on a trouvé simultanément les formes verbales suivantes, pour prendre l'exemple de la première conjugaison : *clamo*, *clamabam*, *clamabo*, *clama*, *clamato*, *clamem*, *clamarem*, *clamare*, *clamandi*, *clamando*, *clamandum*, et les participes *clamans*, *clamandus*. Si l'on a trouvé une seule

natur, sed de secunda persona imperatiui dubitatur, et quod illa uerba in quarta specie deficiunt, nemo exstitit qui etiam in hoc uerbo nouaret. In participiis autem uidetur *potens* huius uerbi esse participium praesentis temporis, sed rectius nomen esse intellegitur : ab eo enim quod est *sum*, participium futuri temporis est cum *futurum* dicimus.

78. Sane, inuenta coniugatione facilius uerba declinantur excepta praeteriti temporis specie perfecta et plusquamperfecta, et tempore futuro modi coniunctiui, et infiniti praeterito, futuro, et participiis futuro ab actiuo et a neutro et omni praeterito. Quamobrem tres sunt in declinatione uerborum connexiones, quarum singulae retinent uerba plura ita sibi connexa ut unum horum si fuerit inuentum cetera facillime inueniantur. Harum connexionum prima dicitur coniugatio, quae ob hoc artificialis est, aliae duae ab auctoritate uel probata consuetudine.

79. Nam inuenta consuetudine uerbi simul inueniuntur haec uerba, uelut in prima coniugatione : *clamo, clamabam, clamabo, clama, clamato, clamem, clamarem, clamare, clamandi, clamando, clamandum*, et participia *clamans, clamandus*. Horum si unum

dubitatur : debitatur *V a.c.* || in quarta *w* : uel quarta *V B P* || deficiunt *add. w* || exstitit : extitit *V B* || qui : quia *B* || praesentis temporis : temporis praesentis P || futurum : futuri *B* / || **78.** futuro modi : futuri modo *B* || infiniti *V B P* : infinitiui *w* || *ante* futuro[2] et *P* || futuro *ante* ab actiuo *dupl. B* || a *ante* neutro *om. V a.c.* || et *ante* omni *V B w om. P* ex *mai* || in declinatione : inclinatione *B* || connexa : connexe *B* || ut *ante* unum *om. V a.c.* || *ante* coniugatio a *codd. et edd. deleui* || artificialis : artificalis *V a.c.* || **79.** clamabo *ante* clamo *B* || clamem : clamen *P* clamemus *mai* || clamando : clamande *B*.

de ces formes, il ne peut s'agir que de la première conjugaison, et toutes les formes verbales et les participes que nous avons rappelés se conjuguent ainsi pour toutes les formes de la première conjugaison. Voici les formes de la seconde conjugaison qui relèvent du premier enchaînement : *moneo*, *monebam*, *monebo*, *mone* (avec un *e* long), *moneto*, *moneam*, *monerem*, *monere*, *monendi*, *monendo*, *monendum*, et les participes *monens* et *monendus*, mais ces cinq dernières formes et le type imparfait de l'indicatif sont communs à la deuxième et à la troisième conjugaison. Ainsi, voici les formes de la troisième conjugaison qui relèvent du même enchaînement : *scribo*, *scribebam*, *scribam*, *scribe* (mais avec un *e* bref), *scribito*, *scribam*, *scriberem*, *scribere*, *scribendi*, *scribendo*, *scribendum*, et les participes *scribens*, *scribendus*. Voici les formes de la quatrième conjugaison qui relèvent du même enchaînement : *audio*, *audiebam*, *audibo* ou *audiam*, *audi*, *audito*, *audiam*, *audirem*, *audire*, *audiendi*, *audiendo*, *audiendum*, et les participes *audiens* et *audiendus* ; mais les verbes qui, à la quatrième conjugaison, ont un *e* avant le *o*, comme c'est le cas de *eo* [je vais] et d'*ineo* [j'entre], sont un peu différents ; c'est pourquoi on a les formes

inuentum fuerit, non potest nisi prima esse coniugatio, et ita declinantur haec uerba omnia et participia quae memorauimus in omnibus primae coniugationis. Secundae coniugationis haec sunt ad primam connexionem pertinentia : *moneo*, *monebam, monebo, mone* (producta *e*), *moneto, moneam, monerem, monere, monendi, monendo, monendum*, et participia *monens* et *monendus*, sed haec quinque ultima et imperfecta species indicatiui communia sunt secundae et tertiae coniugationis. Tertiae itaque coniugationis haec sunt ad eandem connexionem pertinentia : *scribo, scribebam, scribam, scribe* (sed *e* correpta), *scribito, scribam, scriberem, scribere, scribendi, scribendo, scribendum*, et participia *scribens*, *scribendus*. Quartae coniugationis haec sunt ad eandem connexionem pertinentia : *audio, audiebam, audibo* uel *audiam, audi, audito, audiam, audirem, audire, audiendi, audiendo, audiendum*, et participia *audiens* et *audiendus*, sed ea uerba quae quarta coniugatione *e* habent ante *o*, qualia sunt *eo* et *ineo*, aliquantum diuersa sunt ; itaque ista hoc modo sunt

primae *w* : primis *V B P mar* || coniugationis *V a.c. B w* : coniugationibus *V p.c. P mar* || connexionem : coniugationem *mai* || producta e *P mai w* : producto e *V B* || moneto : monebo *mai* || moneam *om. mai* || *ante* monerem cum *mai* || monere *add. w* || monendo monendum : do dum *P* || et *ante* monendus e *V quod neglexisse uidetur mai* || ultima *om. B* || imperfecta *mai w* : inperfectae *V B P* || indicatiui : iudicati ui *B* || communia : commonia *V* || connexionem *hic et infra* conexionem *V* || e *ante* correpta *om. V a.c.* || correpta *mai w* : correptum *V* correptam *B P* || scribendo scribendum : do dum *P* || Quartae : quarta *P* || audibo : audio *B a.c.* || uel audiam : uel audibam *B* || *post* audito audiam *om. V B P rest. mai* || audirem : audissem *B* || audiendo audiendum : do dum *P* || *inter* quarta *et* coniugatione est *P* || *ante* cetera et *add. mai.*

suivantes : *ineo*, *inibam*, *ineundi*, *ineundo*, *ineundum* et le participe *ineundus* ; mais toutes les autres formes sont semblables à la conjugaison précédente.

80. [IV 35] Le second enchaînement trouve son point de départ dans le passé parfait du mode indicatif ; ses formes verbales sont : *clamaui*, *clamaueram*, *clamauerim*, *clamauissem*, *clamauisse*[1] ; *monui*, *monueram*, *monuerim*, *monuissem*, *monuisse* ; *scripsi*, *scripseram*, *scripserim*, *scripsissem*, *scripsisse* ; *audiui*, *audiueram*, *audiuerim*, *audiuissem*, *audiuisse* ou bien : *audii*, *audieram*, *audierim*, *audissem*, *audisse*. En effet, les syllabes *ua*, *ue*, *ui*, *uo* et *uu*[2] sonnent assez grassement et, pour la douceur à l'oreille, on a l'habitude soit de les supprimer totalement, comme lorsque nous disons *clamaram* et non pas *clamaueram*, soit de les alléger en enlevant seulement le *u*, comme lorsqu'on dit *audieram* à la place d'*audiueram*.

81. [IV 36] Le troisième enchaînement, qui détermine tous les autres éléments, trouve son point de départ dans l'infinitif du quatrième type, qui vient en dernier dans la conjugaison. Appartiennent à cet enchaînement cette seule forme verbale et le participe futur de l'actif, et celui du passé, et les noms verbaux, c'est-à-dire : *clamatum*, *clamatus*, *clamaturus*, *clamator*, *clamatio* ; *monitum*, *monitus*, *moniturus*, *monitor*, *monitio* ;

ineo, inibam, ineundi, ineundo, ineundum, et participium *ineundus*, cetera similia sunt superiori declinationi.

80. Secunda est quae a praeterito perfecto indicatiui modi sumit initium, cuius uerba sunt haec : *clamaui, clamaueram, clamauerim, clamauissem, clamauisse*; *monui, monueram, monuerim, monuissem, monuisse*; *scripsi, scripseram, scripserim, scripsissem, scripsisse*; *audiui, audiueram, audiuerim, audiuissem, audiuisse* uel *audii, audieram, audierim, audissem, audisse*. Hae namque syllabae *ua ue ui uo uu* crassius sonant et propter aurium suauitatem subtrahi solent uel totae, ut cum dicimus *clamaram*, non *clamaueram*, uel *u* tantum detracta tenuari, ut hoc quod dictum est *audieram* pro *audiueram*.

81. Tertia connexio, a qua res ceterae describuntur, ab infinitiuo quartae speciei, quod ultimum in declinatione est, sumit initium. Ad hanc connexionem pertinet unum hoc uerbum et participium futurum ab actiuo et praeteritum et nomina uerbialia, quae sunt haec : *clamatum, clamatus, clamaturus, clamator, clamatio*; *monitum, monitus, moniturus, monitor, monitio*;

ineundo : ineundi *B* || declinationi : declinatione *B* || **80.** monueram : moneeram *B a.c.* || monuissem : monue *B a.c.* || scripsissem *om. P* || audiueram audiuerim : audieram audierim *B* || audissem audisse : audiissem audiisse *P* || *ante* audisse uel *add. B* || Hae : haec *P* || sonant *mai w* : sonans *V B P* || totae *mai mar* : tote *B P law* tot *V* || *ante* clamaram clamarem *B* || clamaram : clamarem *V a.c.* || non *ante* clamaueram *om. B* || clamaueram : claueram *V a.c.* || u tantum : ut antum *B* || audiueram : audieram *B* || **81.** *ante* a qua est *B P* || describuntur *mai w* : describantur *V B P* || infinitiuo *P w* : infinito *V B* || quartae : quarta *P* || connexionem : conexionem *V* conexione *B* || et *ante* participium ex *P* || futurum *V B P mar* : futuri *mai w* || praeteritum *V B P mar* : praeteriti *w* || et *ante* nomina *add. w* || uerbialia *B P* : uerbi alia *V* || quae *V P w om. B.*

scriptum, *scriptus*, *scripturus*, *scriptor*, *scriptio* ; *auditum*, *auditus*, *auditurus*, *auditor*, *auditio*.

82. [IV 37] Ces trois enchaînements ont la vertu suivante : si l'on a trouvé une seule forme verbale d'un enchaînement, on parcourra facilement toutes les autres formes qui appartiennent à ce même enchaînement, aux différents modes, nombres et personnes. Maintenant, si l'on veut ramener des formes verbales d'un certain enchaînement à un autre enchaînement et une autre règle, on se trompera nécessairement.

L'ADVERBE

83. [V 1] L'adverbe est une partie du discours qui doit être adjointe au verbe[1], comme lorsque nous disons : *fortiter fecit* [il a agi courageusement], *mansuete uixit* [il a vécu tranquillement], *hodie uenit* [il est venu aujourd'hui], *loco est* [il est en place], *longe est* [c'est loin], *hic sedet* [il siège ici], *simul comitatur* [il accompagne en même temps], et autres exemples. Car *fecit*, *uixit*, *uenit*, *sedet*, *comitatur* sont des verbes ; *fortiter*, *mansuete*, *hodie*, *hic*, *simul* sont des adverbes[2]. Les accidents de l'adverbe sont la signification, la comparaison et la figure[3].

84. [V 2] La signification est ce en vertu de quoi les adverbes signifient la qualité, comme *sapienter* [sagement], *candide* [naïvement], ou la quantité, comme *magne* [grandement], *granditer* [fortement][1], ou le temps, comme *hodie* [aujourd'hui], *cras* [demain], ou le lieu, comme *hic* [ici], *ibi* [là], et ainsi de suite presque à l'infini et d'autres catégories, presque innombrables. Certains ajoutent aussi aux adverbes une qualité[2], et à juste titre. Car les adverbes, à l'instar des pronoms, sont soit définis, soit indéfinis, soit moins que définis ;

scriptum, scriptus, scripturus, scriptor, scriptio; *auditum, auditus, auditurus, auditor, auditio*.

82. Istae tres connexiones hanc habent uim, ut si cuius connexionis unum uerbum inueneris, cetera ad eandem connexionem pertinentia facile percurres modis, numeris et personis. Nam si uerba alterius connexionis ad alteram connexionem et regulam ducere uolueris, fallaris necesse est.

DE ADVERBIO

83. Aduerbium est pars orationis uerbo adicienda, ut cum dicimus *fortiter fecit*, *mansuete uixit*, *hodie uenit*, *loco est*, *longe est*, *hic sedet*, *simul comitatur* et alia. Nam *fecit, uixit, uenit, sedet, comitatur* uerba sunt, *fortiter, mansuete, hodie, hic, simul* aduerbia sunt. Aduerbio accidunt significatio, comparatio, figura.

84. Significatio qua significant uel qualitatem, ut *sapienter, candide* uel quantitatem, ut *magne, granditer*, uel tempus, ut *hodie, cras*, uel locum, ut *hic, ibi*, et alia paene innumerabilia. Nonnulli addunt aduerbiis etiam qualitatem, et recte. Haec enim sicut pronomina uel finita sunt aduerbia uel infinita uel minus quam

82. istae *mai w* : iste *V B P* || connexion- : conexion- *ubique V* || facile *V P w om. B* || percurres *V mar* : percurrens *B P* percurras *w* || **83.** uerbo : uerba *V a.c.* || fecit *B w* : facit *V P m* fuit *mai* || uixit[2] *om. B* || sedet[2] *V P p.c. w* : sed *B* sedit *P a.c.* || mansuete[2] : mansete *P a.c.* || aduerbia sunt *dupl. B* || sunt[2] *om. mai* || **84.** qua *V w* : quae *B P* || addunt *dupl. V a.c.* aduerbiis *omisso et post* etiam *tandem scripto* || finita *et* infinita *prioribus locis mutato ordine mai* || *ante* aduerbia at *quod initum uerbi sequentis uidetur B.*

sont définis : *fortiter* [courageusement], *hodie* [aujourd'hui], *Romae* [à Rome][3] ; sont indéfinis par exemple *quomodo* [comment ?], *quando* [quand ?], *ubi* [où ?] ; moins que définis, par exemple *sic* [ainsi], *tunc* [alors], *illic* [là-bas].

85. [V 3] La comparaison est un accident des adverbes qui dérivent de noms admettant la comparaison ; par exemple *fortiter* [courageusement] dérive de abl. *forti* [par cet homme courageux]. Par conséquent, tout comme on a *fortis* [cougageux], *fortior* [plus cougageux], *fortissimus* [très cougageux], on a *fortiter* [courageusement], *fortius* [plus courageusement], *fortissime* [très courageusement], et tout comme on a *castus* [pur], *castior* [plus pur], *castissimus* [très pur], on a *caste* [purement], *castius* [plus purement], *castissime* [très purement], et aussi le comparatif du nom neutre. En effet, dans *sanctius templum* [un temple vraiment saint] il y a un nom, dans *sanctius dixit* [il a parlé vraiment saintement], il y a un adverbe[1]. Dans le cas de ces formes, il faut observer le point suivant[2] : si les noms, quels qu'ils soient, forment leur datif en *i*, à partir de là leurs adverbes se terminent en *ter*, comme *huic forti > fortiter*, *sapienti > sapienter*, *agili agiliter* ; et si les noms forment leur datif en *o*, à partir de là leurs adverbes se terminent en *e*, comme *huic magno > magne*, *casto > caste*, *docto > docte*.

86. [V 4] La figure des adverbes, à l'instar de celle des noms et des verbes, est soit simple, comme *sapienter* [prudemment], soit composée, comme *insipienter* [imprudemment][1].

LE PARTICIPE

87. [VI 1] Le participe est une partie du discours pourvue d'un cas et d'un temps ; il est appelé « participe » du fait qu'il participe du nom et du verbe[1]. Car de l'un il a tiré le cas, de

finita : finita sunt *fortiter, hodie, Romae*; infinita, ut *quomodo, quando, ubi*; minus quam finita, ut *sic, tunc, illic*.

85. Comparatio accidit aduerbiis, quae de nominibus comparationem recipientibus ueniunt, ut *ab hoc forti, fortiter*; ergo quemadmodum *fortis, fortior, fortissimus*, ita *fortiter, fortius, fortissime*, et quemadmodum *castus, castior, castissimus*, ita *caste, castius, castissime*, itaque comparatiuus nominis generis neutri : nam *sanctius templum* nomen est, *sanctius dixit* aduerbium. In his hoc obseruandum est ut quaecumque nomina casum datiuum in *i* mittunt, inde aduerbia in *ter* exeant, ut *huic forti fortiter, sapienti sapienter, agili agiliter*; quaecumque autem datiuum casum in *o* mittunt, inde aduerbia exeunt in *e*, ut *huic magno magne, casto caste, docto docte*.

86. Figura aduerbiorum ut nominum et uerborum aut simplex est, ut *sapienter*, aut composita, ut *insipienter*.

DE PARTICIPIO

87. Participium est pars orationis cum casu et tempore, et inde participium dictum quod nominis uerbique participet : casum namque illinc, tempus

finita[2] *om. mai* || Romae *P mar* : rome *V B* (romae *legit w*) romane *mai contra V w* || **85.** comparationem : comparationibus *P* || forti : forte *mai* || *inter* castius *et* castissime ita *add. B* || itaque *V P w* : ita *B* || *inter* sanctius *et* templum a *uel* u *add. B* || inde *V p.c. B P* : in *V a.c.* || **86.** figura *mai* : figurae *V P* figure *B* || ut nominum — insipienter *in marg. inf. add. P* || **87.** *titulum om. P* || participium : participum *V a.c.* || illinc *mai w* : illic *V B P*.

l'autre le temps. Il y a deux participes au futur, un au présent, et un au passé. Au futur, *scripturus* [étant sur le point d'écrire], *scribendus* [devant être écrit] ; au présent, *scribens* [écrivant] ; au passé, *scriptus* [ayant été écrit]. *Scribens* se décline comme le nom *prudens* [prudent]. En effet, il est commun à tous les genres. Mais les trois autres ont aux trois genres une flexion : ils se déclinent comme *iustus*, *iusta*, *iustum*.

88. [VI 2] Certains participes se confondent avec des noms, comme *cultus* [ayant été cultivé / culture], *sapiens* [étant sage / sage], mais pour la raison, ils sont distincts. En effet, pour *cultus* on fait la différence au génitif, car le participe fait *huius culti* [de ce qui a été cultivé] – il dérive en effet du verbe *color* [je suis cultivé][1] –, mais le nom, fait *huius cultus* [de la culture]. D'autre part, *sapiens* est aussi appelé un nom parce qu'il admet la comparaison[2]. Il fait en effet *sapiens* [sage], *sapientior* [plus sage], *sapientissimus* [très sage]. Mais cette raison ne me satisfait pas du tout ; on voit en effet que les participes admettent la comparaison, si l'usage courant de la langue le permet ou si une autorité y incite, mais seulement au passé. Car les deux participes futurs ne l'admettent pas. De fait, qui n'oserait pas dire *armatissimus* [ayant été très armé], quand Cicéron le dit [*Caecin.* 61] ? Et pourtant, on ne saurait dire *armaturior* [étant plus sur le point d'armer] ou *armandior* [devant plus être armé] à partir *d'armaturus* [étant sur le point d'armer] et d'*armandus* [devant être armé]. Il faut le recon-

hinc traxit. Sunt autem participia duo futuri temporis, unum praesentis, unum praeteriti : futuri temporis ut *scripturus, scribendus*, praesentis ut *scribens*, praeteriti ut *scriptus*. Declinatur autem *scribens* tamquam nomen quod est *prudens*; nam est generis omnis. Reliqua uero tria per omnia genera flectuntur : tamquam *iustus, iusta, iustum*, eodem modo declinantur.

88. Sunt quaedam participia eadem et nomina, ut *cultus, sapiens*, ratione diuersa : nam *cultus* casu genetiuo discernitur : a participio enim *huius culti* facit — uenit autem a uerbo *color* —, a nomine autem *huius cultus* facit. *Sapiens* uero ideo etiam nomen dicitur, quod recipit comparationem : facit enim *sapiens, sapientior, sapientissimus*. Quae ratio mihi non admodum placet : nam participia uidentur comparationem recipere, si loquendi consuetudo permittat uel hortetur auctoritas, sed tantum praeteriti temporis. Nam duo futura non admittunt : quis enim non audet dicere *armatissimus*, quod Tullius ait ? Nec tamen *armaturior* aut *armandior* ab eo quod est *armaturus* et *armandus* dici potest. Quod fatendum est, si cum tempore

unum praesentis — temporis *om. P* || praesentis[1] : praeteriti *B a.c.* || ut scripturus (scribturus *V*) scribendus *dupl. B* || praeteriti *post* scribens : praeteritis *B* || scriptus : scribtus *V* || est *ante* prudens *om. mai* || declinantur : declinatur *V a.c. P* || **88.** *inter* cultus *et* sapiens et *P quod et add. k* || *ante* cultus[2] cu *V* cum *B P del. mai w* || casu (casum *V a.c.*) genetiuo : genetiuus g casu *P* || a *k* : ut *V B P* || participio *V B P* : participium *mai w* || *ante* color ueneror *V B P una cum k deleui ut postea additum* : uenerandi *mai w* || *post* color coleris colitur *V B P deleui ut postea additum* || *post* nam et *add. k* || si *ante* loquendi *B w om. V P dubitanter add. mai* || permittat : permittit *P* || uel *ante* hortetur : uelut *B a.c.* || hortetur *V w* : artetur *B* ortetur *P* || quod Tullius *V p.c. B P mai w* : quo tullius *V a.c.*

naître, si l'on prend en considération les participes avec leur dimension temporelle, on voit qu'il leur est difficile d'admettre la comparaison. En effet, le mot *cultus* [cultivé] lui aussi fait *cultior* [plus cultivé] et *cultissimus* [très cultivé], mais si l'on se réfère à sa dimension temporelle passée, il n'admet plus ces formes. Car un champ est « cultivé » en raison de son état même, mais si l'on prend en compte la dimension temporelle, il « a été cultivé » du fait d'une action qui est bel et bien passée, celle du cultivateur[3].

89. À l'instar de toutes les autres parties du discours, les participes admettent aussi comme accident la figure, simple, comme *scribens* [écrivant], ou composée, comme *describens* [décrivant][1].

LA CONJONCTION

90. [VII 1] La conjonction est une partie du discours qui lie et qui ordonne la phrase[1]. Elle admet comme accident la valeur[2]. Elle est soit ce qui unit les mots, comme *et*, *que*, *ac* [et], soit ce qui les disjoint, comme *aut* [ou bien], *uel* [soit], *nec* [ni], *neque* [ni non plus], ou bien elle les complète, comme *prorsus* [en un mot], *uidelicet* [bien entendu], *scilicet* [c'est-à-dire], *quin etiam* [bien plus], etc., ou bien elle énonce pour ainsi dire la cause, comme *nam* [car], *namque* [de fait], *enim* [en effet], *quamobrem* [de ce fait], *itaque* [c'est pourquoi], ou construit pour ainsi dire le raisonnement, comme *ergo* [donc], *igitur* [par conséquent], *propterea* [par quoi], etc. C'est pourquoi on les appelle, pour certaines, des copulatives, pour d'autres des disjonctives, pour d'autres des explétives, pour d'autres des causales, pour d'autres des rationnelles. [VII 2] Mais il y a de très nombreuses conjonctions au sujet desquelles les grammairiens réfléchissent avec attention pour savoir duquel

accipiantur participia, difficile uidentur posse comparationem recipere : nam et illud quod *cultus* dictum est facit *cultior* et *cultissimus*, sed si ad tempus praeteritum referas, non facit. *Cultus* enim ager ex ipso habitu suo est, *cultus est* autem si ad tempus adtendas, praeterita utique actione cultoris.

89. Accidunt participiis etiam figurae sicut ceteris partibus orationis, simplex ut *scribens*, composita ut *describens*.

DE CONIVNCTIONE

90. Coniunctio est pars orationis adnectens ordinansque sententiam. Coniunctioni accidit potestas. Est uel quae copulat uerba, ut *et, que, ac*, uel disiungit, ut *aut, uel, nec, neque*, aut explet ut *prorsus, uidelicet, scilicet, quin etiam* et similia, aut quasi causam reddit ut *nam, namque, enim, quamobrem, itaque*, aut quasi ratiocinatur, ut *ergo, igitur, propterea*, et similia. Et ideo partim copulatiuae dicuntur, partim disiunctiuae, partim expletiuae, partim causales, partim rationales. Sed multae omnino coniunctiones sunt, de quibus diligenter grammatici deliberant, quo istorum quinque

ante nam et illud et *P a.c.* || cultus dictum est *w* : cultum dictum est *V B P* || si ad tempus *priori loco* : si a tempus *V* || facit[2] : facis *B* || est *post* suo *om. B ut dupl. del. k* || si ad tempus *altero loco B w* : si tempus *V P mar* si *ante* autem *k* || praeterita *mai* : preterita *V P* praeterea *B w* praeteritum *k* || **89.** figurae *V P w* : fugere *B* || **90.** coniunctioni *V p.c. mai w* : coniunctione *V a.c. B P* || accidit *P mai w* : accedit *V B* || *ante* est uel potestas *add. k* || aut *om. mai* || nec (*om. V a.c.*) neque *mai, unde w* : ne neque *V p.c. B P* || ratiocinatur *V p.c.* : rationatus *V a.c.* raciocinatur *P* ratiocinator *B* || ideo *V P* : ddeo *B a.c.* deo *B p.c.* || *ante* causales et *V B P del. mai w* || deliberant : deliberabant *B*.

de ces cinq noms ils doivent les appeler, ou pour savoir s'il faut ajouter d'autres différences. Mais comme le problème serait long et difficile à résoudre, contentons-nous de donner ce précepte au sujet des conjonctions[3] : lorsque nous lisons des auteurs qui méritent au plus haut point de faire autorité en matière de langage, examinons à quelle place et dans quelle phrase chacune est d'ordinaire employée, de façon qu'en nous habituant à comprendre nous puissions utiliser correctement les conjonctions. Par exemple, si quelqu'un demandait ce qu'est *immo* [au contraire], ce n'est pas sans difficulté que je dirais de quelle façon nous pourrions lui définir ou lui expliquer cette conjonction. En prononçant donc de nombreuses phrases dans lesquelles ce mot a été placé, nous faisons sentir d'une manière étonnante ce qu'il veut dire, non sans une certaine mimique accompagnant nos paroles, comme par exemple dans « Non [*immo*], citoyens, dit Turnus saisissant l'occasion, rassemblez un conseil ! » [*En.* XI 459-460] et dans « Au contraire [*immo*], va ! notre hôte, et dis-nous depuis le premier commencement... » [*En.* I 753]. Il n'est pas inutile aussi d'ajouter les expressions que nous formons nous-mêmes en certaines occasions : « Vas-y plutôt [*immo*], toi qui y pousses un autre ! », « Allonge plutôt [*immo*] le discours, toi qui t'emploies à l'abréger ! ». Nous sommes près de cette

nominum eas uocent, uel utrum aliae differentiae sint adiciendae. Quam litem quia et longum et difficile est soluere, illud de coniunctionibus breue praeceptum sit, ut cum legimus uiros locutionis auctoritate dignissimos, aduertamus quo quaeque loco et in qua sententia poni soleat, ut consuetudine intellegendi bene coniunctionibus uti possimus. Nam si quis quaerat quid sit *immo*, non facile dixerim quomodo ei uel definire uel interpretari hanc coniunctionem possimus : proferendo ergo multas sententias in quibus posita est, miro quodam modo quid ualeat insinuamus cum quodam etiam gestu pronuntiandi, ut est

« immo, ait, o ciues, arrepto tempore Turnus,
cogite concilium »

et

« immo age et a prima dic, hospes, origine nobis »,

nostrasque sententias ad tempus fictas adiungere utile est : « immo tu uade qui cogis alium », « immo adde orationi qui detrahere studes ». Huic autem coniunc-

uocent : uocant *V a.c.* || et *ante* difficile *om. B* || est *ante* soluere *om. mai* || sit, ut *w* : sicut *V B P* || aduertamus : aduertamur *P* || quo quaeque loco *k* : quoque quae (que *B*) loca *V B* quoque quo loco *P w* || soleat *V B P k* : soleant *w* || intellegendi : intellegende *B* || coniunctionibus : coniunctibus *P* || definire : definiri *B* || multas sententias : multa sententia *P* || gestu : gestum *P* || ciues : cies *B* || arrepto : arepto *B* || Turnus : turmis *B* || et *post* concilium *V P w om. B* || et a prima *om. mai* || hospes : ospes *P* || *ante* origine ab *add. mai* || tu *post* immo *om. mai* || adde orationi *k* : adeo rationi *V P w* ideo rationi *B* || qui *ante* detrahere *om. V a.c.*

conjonction, en tout cas, quand nous disons *potius* [plutôt]. C'est la raison pour laquelle, comme je l'ai dit, il faut aussi revenir aux livres.

91. [VII 3] À l'instar de toutes les autres parties du discours[1], on observe chez les conjonctions des figures. Car *at* est une conjonction simple, *atque* une composée.

92. [VII 4] L'ordre des conjonctions est ce en vertu de quoi on observe quelle conjonction peut seulement être placée avant, quelle autre peut seulement être placée après, et quelle autre peut être placée soit avant soit après. *Nam* est seulement placé avant, *que* seulement placé après, *scilicet* placé à la fois avant et après. Car si quelqu'un demande par exemple : « À qui parles-tu ? », nous lui répondons : « à lui et à toi » [*huic et tibi*], mais nous ne pouvons pas dire : « à lui à toi et » [*huic tibi et*]. Nous pouvons également répondre : « à lui et à toi » [*huic tibique*], mais on ne peut pas dire « et à lui à toi » [*huicque tibi*]. En revanche, nous pouvons répondre : « à toi, précisément [*scilicet tibi*] et « précisément à toi » [*tibi scilicet*].

LA PRÉPOSITION

93. [VIII 1] La préposition est une partie du discours qui se met soit devant des parties du discours pour entrer en composition avec elles, soit devant deux cas seulement : l'accusatif ou l'ablatif ou les deux, non pas pour entrer en composition, mais afin de contribuer à des sens précis[1]. C'est pourquoi certaines prépositions entrent seulement en composition, comme *di*, *dis*, *re*, *am* – nous disons en effet *diiudico* [je discerne], *diduco* [je disjoins], *discurro* [je cours çà et là], *remoueo* [je relègue], *ambio* [j'entoure][2] –, d'autres sont seulement soumises

tioni utcumque uicinum est cum dicimus *potius*; et ideo et ad libros, ut dixi, redeundum est.

91. Figurae in coniunctionibus sicut in ceteris partibus orationis obseruantur. Nam simplex coniunctio est *at*, composita *atque*.

92. Ordo coniunctionum est per quem obseruatur quae praeponi tantum possit, quae tantum subiungi, quae et praeponi et subiungi : *nam* tantum praeponitur, *que* tantum subiungitur, *scilicet* et praeponitur et subiungitur. Nam si quis quaerat, uerbi causa, « cui dicis ? », respondemus « huic et tibi » : non possumus dicere « huic tibi et » ; item respondemus « huic tibique » : non potest dici « huicque tibi ». Respondere possumus « scilicet tibi » et « tibi scilicet ».

DE PRAEPOSITIONE

93. Praepositio est pars orationis quae aut componendis partibus orationis praeponitur, aut casibus duobus tantum, accusatiuo aut ablatiuo aut utrique, non componendis sed ad certas significationes adiuuandas. Itaque aliae praepositiones tantum componuntur, ut *di, dis, re, am* — dicimus enim *diiudico, diduco, discurro, remoueo, ambio* —, aliae tantum casi-

ideo *V B P k* : adeo *w qui postea distinctionem posuit* || et *ante* ad *V P w om. B* || dixi : dixe *B* || **91.** figurae : fugere *B* || sicut : sicuti *V B* || at *V B p.c. P p.c. mai mar* : aut *B a.c. P a.c. w qui una cum mai aliter distinxit* || **92.** uerbi : uerbia *B* || non possumus — huic tibi *om. mai* || huic[2] *om. V B P mar rest. w* || potest dici *V B* : potes dicere *P* possumus dicere *mai* || huicque *mai w* : que *V P mar* quae *B* || *post* respondere autem *add. mai quem secutus est w* || **93.** utrique : utriusque *B* || adiuuandas *V B P mar* : adiuuandis *mai w* || re *dupl. V a.c.* || diiudico *B p.c. P w* : diudico *add. V in marg.* didudico *B a.c.* || diduco *V B P negl. mai w*.

aux cas, comme *apud* [auprès de], *pone* [derrière], *secundum* [suivant], *ultra* [au-delà de], *aduersum* [contre], *cis* [en deçà de], *citra* [en deçà de], *circa* [dans le voisinage de], *erga* [vis-à-vis de], *intra* [à l'intérieur de], *infra* [au bas de], *iuxta* [près de], *penes* [en possession de], *propter* [en vue de], *usque* [jusqu'à], *coram* [en présence de], *absque* [sans], *palam* [en présence de], *sine* [sans], *tenus* [jusqu'à][3]. Quant à toutes les autres, à la fois elles entrent en composition et sont soumises aux cas ; nous disons par exemple *adnuam* [j'approuve] et *adduco* [j'amène] et *ad amicum* [vers un ami].

94. [VIII 2] Sont donc soumises à l'accusatif les prépositions suivantes[1] : *ad amicum* [vers un ami], *apud patrem* [auprès de mon père], *ante cenam* [avant le dîner], *aduersus hostem* [contre l'ennemi], *cis Tiberim* [en deçà du Tibre], *citra domum* [en deçà de la maison], *circum murum* [autour du mur], *circa ianuam* [dans le voisinage de l'entrée], *contra portam* [contre la porte], *erga fratrem* [vis-à-vis de son frère], *extra matrem* [exceptée ma mère], *inter montes* [entre les montagnes], *intra domum* [à l'intérieur de la maison], *infra urbem* [au bas de la ville], *iuxta lacum* [près du lac], *ob rem* [à cause de cette chose], *penes Eurum* [à la merci de l'Eurus], *per spatium* [à travers l'espace], *prope circum* [près du cirque], *propter salutem* [pour le salut], *praeter sonum* [hormis le son], *post tergum* [sur les arrières], *pone balneas* [derrière les bains], *secundum uiam* [le long de la route], *trans Galliam* [de l'autre côté de la Gaule], *ultra Aethiopiam* [au-delà de l'Éthiopie], *usque Romam* [jusqu'à Rome].

95. [VIII 3] Sont soumises à l'ablatif les prépositions suivantes : *a socio* [par un allié], *ab Olympo* [de l'Olympe][1], *abs tecto* [du côté du toit], *absque damno* [sans dommage], *cum amico* [avec un ami], *coram uicino* [en présence d'un voisin], *de domo* [à partir de la maison], *e foro* [hors du forum], *ex edicto* [d'après l'édit], *pro patria* [pour la patrie], *prae ceteris* [plus que tous les autres], *palam omnibus* [en présence de tous], *sine inuidia* [sans jalousie], *tenus facie* [jusqu'au visage][2].

96. [VIII 4] Sont soumises à l'un et à l'autre cas les pré-

bus seruiunt, ut *apud, pone, secundum, ultra, aduersum, cis, citra, circa, erga, intra, infra, iuxta, penes, propter, usque, coram, absque, palam, sine, tenus*. Ceterae et componuntur et casibus seruiunt, ut *adnuam* et *adduco* dicimus et *ad amicum*.

94. Ergo accusatiuo seruiunt hae : *ad amicum, apud patrem, ante cenam, aduersus hostem, cis Tiberim, citra domum, circum murum, circa ianuam, contra portam, erga fratrem, extra matrem, inter montes, intra domum, infra urbem, iuxta lacum, ob rem, penes Eurum, per spatium, prope circum, propter salutem, praeter sonum, post tergum, pone balneas, secundum uiam, trans Galliam, ultra Aethiopiam, usque Romam.*

95. Ablatiuo casui seruiunt hae : *a socio, ab Olympo, abs tecto, absque damno, cum amico, coram uicino, de domo, e foro, ex edicto, pro patria, prae ceteris, palam omnibus, sine inuidia, tenus facie.*

96. Vtrique casui seruiunt hae : *in uillam uado* et *in*

ut apud : capud *uel* tapud *B* || pone : pene *P a.c.* || citra *V B P* : citro *mai* || circa : cirga *P a.c. om. B* || et *ante* componuntur *om. mai* || adnuam : ad unam *B* || adduco *V P w* : addico *B* || **94.** ergo : erga *B* || accusatiuo : accusatiuum *P* || Tiberim : teberim *B P a.c.* || citra *V P mar* : circa *w mai* cura *B* || domum[1] *V p.c. B* : forum *V a.c. mai* donum *P* || ianuam : ianua *B* || matrem *om. B* || intra — lacum *om. mai* || *ante* iuxta est *V B P om. w* || lacum *V P mar* : locum *B* || Eurum *w* : earum *V B P mai dubitanter* || praeter : propter *B* || post tergum *V p.c. P* : post ergum *V a.c.* postergum *B* || Aethiopiam : et inopiam *P* || **95.** hae *B* : haec *V P* || socio : sacio *P a.c.* || Olympo : olimpo *P* || tecto *B P* : texto *V* || prae ceteris : pro caeteris *P* || inuidia *V p.c. B P* : fiducia *V a.c. mai* || **96.** hae *B P* : haec *V*.

positions suivantes : *in uillam uado* [je vais dans ma maison de campagne] et *in uilla sum* [je suis dans ma maison de campagne], *sub tectum uenio* [je viens sous le toit] et *sub tecto sto* [je me tiens sous le toit], *subter arborem eo* [je vais au pied de l'arbre] et *subter arbore sedeo* [je m'assieds au pied de l'arbre], *super arborem saliunt* [ils sautent sur l'arbre] et *super arbore sidunt* [ils sont perchés sur l'arbre][1]. Et *super*, lorsqu'il signifie *de* [au sujet de][2], comme dans « Ne cessant de poser des questions au sujet de Priam » [*En*. I 754], est seulement soumis à l'ablatif.

L'INTERJECTION

97. [IX 1] L'interjection[1] est une partie du discours qui signifie et exprime[2] un mouvement de l'âme, comme *heu* [hélas !], *papae* [diantre !], *hem* [ah !], et ainsi de suite.

LE SOLÉCISME

98. [X 1] Le solécisme est une incorrection de langage qui se produit entre des parties du discours qui, tout en étant latines, sont cependant mal reliées entre elles[1]. Car celui qui dit *inter hominibus* [entre aux hommes][2] ne commet aucune incorrection si l'on considère les mots isolément. En effet, et *inter* [entre] et *hominibus* [aux hommes] sont des mots latins. Mais il y a une incorrection lorsqu'ils sont ainsi liés l'un à l'autre. Lors donc que l'on pèche de la sorte à l'encontre d'une règle dont on a rendu compte au sujet des huit parties du discours, on parle de solécisme[3].

99. [X 2] Certains distinguent du solécisme l'impropriété[1],

uilla sum, sub tectum uenio et *sub tecto sto*, *subter arborem eo* et *subter arbore sedeo*, *super arborem saliunt* et *super arbore sidunt*. Et *super*, quando *de* significat, sicuti est

« multa super Priamo rogitans »,

ablatiuo tantum seruit.

DE INTERIECTIONE

97. Interiectio est pars orationis aliquem motum animi significans atque exprimens, ut *heu*, *papae, hem*, et si qua sunt alia.

DE SOLOECISMO

98. Soloecismus est uitium locutionis quod fit per Latinas quidem partes orationis, sed male sibimet nexas. Qui enim dicit « inter hominibus », si consideres singula, nullum fecit uitium : nam et *inter* Latinum est et *hominibus* ; sed uitiosum est sic utrumque coniunctum. Hoc ergo modo quando peccatur in qualibet ratione, quae de octo partibus orationis reddita est, soloecismus uocatur.

99. Nonnulli a soloecismo seiungunt improprium

et *ante* sub *B P om. V mai* || et *ante* subter *w om. V B P mai* || sedeo : eos *B a.c.* eo *p.c.* || saliunt *w* : siliunt *V B P* || sidunt *mai w* : sedunt *V P w om. B* || tantum *V B P w* : tamen *mai* || **97.** alia *mai w* : talia *V B P* (*spatio uacuo post relicto*) *law* || **98.** *titulum om. V B P rest. mai w* || soloecismus *hic et infra* : solecismus *B P* || fit *V a.c. mai B* : sit *V p.c. P* || inter : in *B* || est *post* uitiosum *om. B* || peccatur : peccator *P* || **99.** soloecism- *hic et infra* : solecism- *B P*.

qui se dit en grec *acyrologia*. Si quelqu'un dit par exemple *libido amicitiarum* [le désir de ses amis] au lieu d'*amor* [l'amour de ses amis] et *factio bonorum* [les dispositions de ses biens] au lieu de *cessio* [la cession de ses biens], s'il ne dit pas cela pour critiquer ou pour se moquer, mais pense en toute bonne foi qu'il faut parler ainsi, on ne le blâme jamais en arguant qu'il a fait un solécisme. Il y a donc cette différence entre le solécisme et l'impropriété, que l'on blâme dans le solécisme une ignorance de l'agencement, dans l'impropriété une ignorance de la signification : car ne pas savoir comment les mots doivent s'enchaîner est une chose, mais ne pas savoir ce qu'ils signifient en est une autre.

LE BARBARISME

100. [XI 1] Il y a barbarisme là où les mots eux-mêmes pris isolément ne sont pas latins[1]. Car si quelqu'un dit *homo* [être humain] en supprimant l'aspiration, il fait un barbarisme[2] ; ou s'il dit *corona* [couronne] en ajoutant une aspiration, il pèche ; ou s'il dit *luctat* [il lutte] en supprimant une syllabe, il pèchera sans nul doute ; ou s'il dit *potestur* au lieu de *potest* [il / elle peut], en ajoutant une syllabe, ce n'est pas du latin ; [XI 2] ou s'il dit *pone* [derrière] en abrégeant la première syllabe parce qu'il lui enlève un temps, c'est un barbarisme ; ou s'il dit *bonus* [bon] et allonge la première syllabe, en lui ajoutant un

quod Graece acyrologia dicitur. Si quis, uerbi causa, dicat « libidinem amicitiarum » pro « amore », et « factionem bonorum » pro « cessione », nisi uitupe-rans aut inridens dicat, sed bono animo arbitrans ita esse dicendum, numquam solet ita reprehendi ut soloecismum fecisse arguatur. Hoc ergo interest inter soloecismum et improprium, quod in soloecismo reprehenditur ordinis ignorantia, in improprio autem significationis : aliud est enim nescire quomodo se uerba consequi debeant, aliud nescire quid significent.

DE BARBARISMO

100. Barbarismus quo singula ipsa uerba Latina non sunt. Nam si quis dicat « hominem » retracta aspiratione, barbarismum facit ; aut « coronam » addita aspiratione, peccat ; aut « luctat » detracta syllaba, scilicet peccabit ; aut « potestur » pro « potest » addita syllaba, Latinum non est ; aut si dicat « pone » et primam syllabam corripiat detractione temporis, barbarismus est ; aut si dicat « bonus » et primam syllabam producat adiectione temporis, uitium est ; aut si

acyrologia *V P w* : acirologia *B graecis litteris mai* || factionem *V p.c. mai* faccionem *P* factione *V a.c. B* || cessione *B* : concessione *P mar* concesione *V* || nisi *mai w* : nosisi *V quod forte in* non si *correxit* non si *B P* || *post* interest et *add. B a.c.* || soloecismo *ultimo loco* : solecismum *P* || significationis : significatione *P a.c.* || **100.** *titulum et principale uerbum om. V B P rest. mai w* || quo : quod *P* || retracta *V B P* : detracta *mai w* || adspiratione : adspirationem *B* || coronam *V B P w* : corona *mai* || peccabit *mai qui* peccauit *adnotauit w* : peccauit *V B P* || potestur *V w* : potest *B P spatio uacuo post relicto in P* || aut[4, 5] *mai w* : ut *V B P* || et *post* bonus : et *P p.c. nescioquo antea eraso* || adiectione : adiectionem *P*.

temps, c'est une incorrection ; ou s'il prononce un nom sans accentuer aucune de ses syllabes, il pèche par la suppression de l'accent. Mais s'il accentue deux syllabes dans une seule partie du discours, il blesse l'oreille par l'ajout d'un accent. S'il dit *uulla* à la place de *uilla* [maison de campagne], c'est par un remplacement de sons ; s'il dit *displicina* au lieu de *disciplina* [discipline], c'est par l'interversion des syllabes qu'il est en tort, parce que le barbarisme se produit quand il y a suppression, ajout, remplacement ou interversion soit d'une aspiration, soit d'un son, soit d'une syllabe, soit des accents, soit des temps.

101. [XI 3] De façon générale, pour éviter les barbarismes on peut recourir à la lecture de tout bon auteur. Mais pour les temps et les accents un autre savoir, et les poètes, surtout, sont indispensables, ou alors, si le temps nous les interdit, il faut être attentif à prêter tout son esprit à la parole des personnes savantes dans la conversation courante. Car ce qui est correct dans la langue à une certaine époque et ce que les personnes qui étaient considérées comme savantes à cette même époque ont dit ou approuvé sont en parfait accord ; c'est ce qui apparaît très clairement dans leurs différents écrits et dans leur conversation, lorsqu'elle a été mise par écrit avec soin[1].

102. [XI 4] Assurément, certains font une différence entre le barbarisme et le mot barbare[1], suivant laquelle il y a barba-

enuntiet nomen et nullam in eo acuat syllabam, acuminis detractione peccat. Si autem duas acuat syllabas in una parte orationis, adiectione acuminis offendit auditum. Si dicat « uulla » pro « uilla », commutatione litterae ; si dicat « displicina » pro « disciplina », transmutatione syllabae in uitio est, quia detractione et adiectione, commutatione et transmutatione aut aspirationis aut litterae aut syllabae aut accentuum aut temporum fit barbarismus.

101. Sed ad cetera uitanda potest quaecumque lectio boni auctoris subuenire. Propter tempora autem et accentus alia eruditio et poetae maxime necessarii sunt, aut si ab his tempus excludit, animaduertendus diligenter in colloquio sermo doctorum est. Nam in eodem quod tempore in locutione rectum est, et quod eiusdem temporis docti qui habentur uel dixerint uel probauerint, a summo sunt consensu, quod in scriptis eorum quibuslibet et in sermone cum cura edito facillime apparet.

102. Sane quidam discernunt inter barbarismum et barbarum ut barbarismus sit si pars orationis se-

acuat *V w* : acuet *B* acciat *P* || in una — adiectione *iam falso inter* syllabam *et* acuminis *scriptum hic dupl. P* || dicat : dica *V a.c.* || uulla : uulla *aut* aulla *B* nulla *V a.c.* || commutatione : commotatione *V B P* || displicina *V p.c. B P* : disciplina *V a.c.* || disciplina *V P* : displicina *B* || transmutatione *V a.c. P mar* : transmutatio *V p.c. B p.c. mai w* transmutation *B a.c.* || *inter* quia *et* detractione multa *V B P del. mai w* || **101.** et *post* autem : aut *mai* || si ab his : syllabis *P* || in eodem *w* : in domo *V a.c. mai qui correctionem V in marg. notat P* in dono *V p.c. B* || quod tempore *P w* : quo tempore *V* qui tempore *B* || *ante* qui (que *B*) uel *V B P mai del. w* || *post* summo magno *V B* (*P uix*) *mai qui miratur del. w* || sunt consensu *w* : se consensu *B P* secon sensu *V* || **102.** quidam : quidem *P* || barbarum : barbarus *P* || si[1] *om. V a.c.*

risme si une partie du discours reste fautive sur quelque point au vu de la règle qui a été énoncée, tandis que ce qui est barbare, c'est lorsqu'il s'agit d'un mot d'une langue étrangère qui n'a pas été admis, comme dans le cas où quelqu'un dirait, en parlant latin, *bdellas*, un mot qui est parfaitement punique, au lieu de *carica* [figue séchée][2]. Mais qu'un mot prononcé pour un autre ne relève d'absolument aucune langue étrangère, on n'a même pas de nom pour une telle incorrection.

103[1]. Verbes s'associant avec le génitif[2] : *obliuiscor iniuriae* [j'oublie l'injustice], *memor sum bonorum* [je me souviens des bienfaits], *misereor puerorum* [j'ai pitié des esclaves], *pudet facti* [avoir honte de ce qu'on a fait], *piget gratiae* [être mécontent d'une faveur], *paenitet laboris* [regretter sa peine], *taedet operis* [être fatigué d'un travail], *memini lectionis* [je me souviens du texte], *reminiscor doloris* [je me rappelle la douleur], *ignarus malorum* [ignorant des maux].

Verbes avec l'accusatif : *decet dominum* [il convient au maître], *paenitet amicum* [l'ami regrette], *piget inertem* [le paresseux est mécontent], *ridet fratrem* [il se moque de son frère], *calumniatur Catonem* [il calomnie Caton], *concedo pretium* [j'accorde le prix], *lego Homerum* [je lis Homère], *scribo historiam* [j'écris l'histoire], *consolor inimicum* [je console l'ennemi], *odi turpes* [je hais les méchants], *noui bonos* [je connaîs les bons].

Noms appellatifs[3] : *expers bonorum* [dépourvu de biens], *dubius itineris* [incertain du chemin], *cupidus honoris* [avide d'honneurs], *neglegens picturae* [peu soucieux de la peinture], *conscius facti* [conscient du fait].

Sont soumis au datif[4] : *maledico hosti* [je maudis l'ennemi], *suadeo iudicibus* [je persuade les juges], *indico tibi* [je te fais des

cundum redditam rationem aliqua superest uitiosa, barbarum autem si alicuius gentis uerbum est non receptum, ut si quis dicat in Latino sermone « bdellas » pro « carica », quod utique Punicum est. Esse autem nullius omnino gentis uerbum pro uerbo enuntiatum, tali uitio nec nomen impositum est.

103. Verba quae genetiuo casui conueniunt : *obliuiscor iniuriae, memor sum bonorum, misereor puerorum, pudet facti, piget gratiae, paenitet laboris, taedet operis, memini lectionis, reminiscor doloris, ignarus malorum.*

Verba accusatiuo casui : *decet dominum, paenitet amicum, piget inertem, ridet fratrem, calumniatur Catonem, concedo pretium, lego Homerum, scribo historiam, consolor inimicum, odi turpes, noui bonos.*

Nomina appellatiua : *expers bonorum, dubius itineris, cupidus honoris, neglegens picturae, conscius facti.*

Datiuo casui seruiunt *maledico hosti, suadeo iudicibus, indico tibi, cedo potenti, ministro parenti, largior*

superest *k* : superet *V B P* || barbarum : barbarus *P* || quis *B P* : qui *V mai* || bdellas *correxi* : dellas *V P mai k* delecs *B et w qui tamen supposuit dubitanter ex collega quodam* debbas || carica *correxi* : carice *V P mai k* curie *B e quo* carie *oehl w* || quod *V P w* : quid *B* || esse *V B P* si *k qui dubitanter* ecce *supposuit* || enuntiatum *correxi* : nuntiatur *V P* nunciatur *B* : enuntiatur *k* || **103.** Verba — conueniunt *ex Explan., GLK IV 556, 8 suppleui* || iniuriae *V p.c. B P mai* : incuriae *V a.c.* || misereor : mesereor *P* || memini *V B* : meminit *P* || accusatiuo casui *B* : accusatiui casui *V* accusatiuo casu *P* accusatiui casus *mai w* || paenitet *mai* : penitet *V P* pinitet *B* poenitet *w* || calumniatur *V* : calomniatur *P* || concedo *V* : concede *P* || Homerum *B P* : omerum *V* || consolor *V* : consulor *P* consolo *B* || odi — bonos *mai w* oditur promoui bonos *B* oditur pernoui bonos *V om. P spatio uacuo relicto* || *post* appellatiua *spatium uacuum praebet P* || honoris : honors *B* || seruiunt *om. P* || hosti *V B* : isti *P* || largior *V p.c. B mai w* : largeor *V a.c.* langior *P*.

révélations], *cedo potenti* [je cède au puissant], *ministro parenti* [je suis au service de mon père], *largior amico* [je fais largesse à mon ami], *dono propinquo* [je donne à mon prochain], *obsequor domino* [je cède au désir du maître], *aduersor inimico* [je m'oppose à l'ennemi], *gratificor illis* [je les gratifie], *subscribo epistulis* [je signe la lettre], *adsum clementi* [je suis témoin de sa clémence], *pareo legibus* [j'obéis aux lois].

Noms au vocatif : *Virgili scribe* [Virgile, écris !], *Cicero responde* [Cicéron, réponds !][5].

Verbes avec l'ablatif : *fruor fratre* [je profite de la présence d'un frère][6], *potior pecunia* [je prends possession de l'argent], *utor toga* [je porte une toge], *priuor postestate* [je suis privé de puissance], *egeo laude* [je manque de louanges], *careo molestia* [je suis exempt de chagrin], *cedo possessione* [j'abandonne la possession], *abstineo cibo* [je m'abstiens de nourriture], *fungor officiis* [je remplis des fonctions], *sacrifico uictima* [je sacrifie une victime], *glorior uiribus* [je tire gloire de mes forces].

Donatus torque [gratifié d'un collier], *dignus honore* [digne d'honneurs][7].

Noms au datif[8] : *intentus studiis* [appliqué à ses études], *inimicus uirtuti* [ennemi de la vertu], *audiens dicto* [respectueux de ce qu'on lui a dit][9], *inuidens bono* [jaloux de l'homme de bien][10], *maliuolus studenti* [malveillant envers celui qui s'applique], *utilis ciuibus* [utile aux citoyens], *aptus scenae* [apte à la scène].

amico, dono propinquo, obsequor domino, aduersor inimico, gratificor illis, subscribo epistulis, adsum clementi, pareo legibus.

Nomina uocatiui casus : *Virgili scribe, Cicero responde.*

Verba ablatiuo casui : *fruor fratre, potior pecunia, utor toga, priuor potestate, egeo laude, careo molestia, cedo possessione, abstineo cibo, fungor officiis, sacrifico uictima, glorior uiribus.*

Donatus torque, dignus honore.

Nomina datiuo casui : *intentus studiis, inimicus uirtuti, audiens dicto, inuidens bono, maliuolus studenti, utilis ciuibus, aptus scenae.*

epistulis *V w* : epistolis *B P* || clementi : Clementi *B ut nomen proprium* || pareo *V B* : pereo *P* || uerba *ante* ablatiuo *moui, quod postea habent V B P* || ablatiuo *P a.c.* : ablatiui *V B P p.c.* || toga : togo *B* || sacrifico *V B* : sacrificor *P* || torque *V P mai w* : torquum *B* || dignus *V B P mar* dignatus *w* || datiuo casui *V B P mar* : datiui casus *mai w* || scenae : scene *B P post quod uerbum exhibent* Explicunt (explicit *corr. mai*) artes sancti Agustini (Augustini *corr. mai*) feliciter *V* Explicit ars sancti Augustini *B* Finit *P*.

COMMENTAIRE

Tit.1. Le titre fourni par les deux manuscrits encore lisibles, B et P, reflète le travail d'abrègement ; on se reportera à l'introduction pour le détail de nos hypothèses. Tel qu'il est maintenant, ce titre paraît composé à partir de la préface que pouvait encore lire Cassiodore, et qui lui aurait alors servi à décrire le texte original d'Augustin. Il a été secondairement influencée par des textes grammaticaux plus tardifs, dont peut-être la préface au livre VI des *Institutiones grammaticae* de Priscien. Nous aurions là une des plus précoces exploitations effectives, en Occident, de cette volumineuse grammaire, après celle qu'en fait Cassiodore dans son *De Orthographia* (*GL* VII 207, 13 *sqq.*).

1.1. Cette définition paraît empruntée à une rédaction qui a inspiré Audax (*GL* VII 322, 21 – 323, 3) et « Maximus Victorinus », soit vraisemblablement la tradition de Scaurus (cf. P. L. Schmidt, *Restauration und Erneuerung. Die lateinische Literatur von 284 bis 374 n. Chr.* [= *Handbuch der lateinischen Literatur der Antike*, 5. Bd], Munich, 1989, § 522.2). Sous une forme plus complexe – elle véhicule quatre critères, et l'*analogia* remplace la *ratio* –, elle figure chez Diomède (*GL* I 439, 15 *sqq.*), qui attribue au moins son commentaire subséquent à Varron (d'où *GRF* 268, p. 289) : cf. V. Law « *Auctoritas, consuetudo* and *ratio* in st. Augustine's *Ars grammatica* », in Sv. Ebbesen (éd.), *De ortu grammaticae*, Amsterdam-Philadelphie, 1990, p. 191-207, et en dernier lieu A. Garcea, *Caesar's* De analogia, Oxford, 2012, p. 32, n. 6. L'auteur n'a pas retenu – ou peut-être supprimé : cf. notre introduction – la formulation catéchétique, et simplifie légèrement ce qu'il faut entendre par *ratio* : *secundum artium traditores* disait Audax, *secundum technicos, id est artium traditores* précisait l'autre grammaire : première manifestation d'une tendance que l'on retrouvera, à éliminer les termes techniques grecs. Par ailleurs, il corrige sa source sur un point : au lieu de l'indistinct *ueterum lectionum* « la littérature ancienne » comme contenu de l'*auctoritas*, il introduit une exigence de sélection : l'ancienneté ne constitue pas *ipso facto* l'autorité.

De Partibus orationis

2.1. Ici, comme plus loin, nous avons choisi de laisser un « intertitre » figurant dans les manuscrits. L'irrégularité de la distribution des titres dans le *De Verbo* laisse penser qu'il s'agit plutôt d'une survivance à l'abrégement que du balisage ultérieur du texte abrégé, balisage dont on pouvait attendre qu'il fût systématique. On ne saurait dire ce que l'abrégement a laissé tomber : des sections *de definitione, de oratione, de distinctione, de litteris, de syllabis, de accentibus, de metro, de pedibus, de hexametro uersu heroico*, comme dans le plan de « Maximus Victorinus » et d'Audax, ou plus simplement l'équivalent du livre I de l'*Ars maior* de Donat, par exemple, soit des chapitres *de uoce, de littera, de syllaba, de pedibus, de tonis, de posituris*.

2.2. L'ordre des parties du discours est celui de Donat, de sorte que la brève énumération pourrait être considérée comme une citation littérale (cf. *Mai.* 613, 3-4 H), si son contenu même ne conduisait immanquablement à cette rédaction. Il reste que le choix de cet ordre est significatif, par l'association étroite de l'adverbe et du verbe (cf. la définition donnée § 83), en rejetant le participe, mixte entre *uerbum* et *nomen*, avant les *partes* véritablement invariables.

De Nomine

3.1. Cette définition est originale. Elle donne la part belle au genre, considéré comme la nécessaire représentation sensible, connectée du reste assez lâchement au genre naturel, d'un énoncé immatériel : l'idée d'une langue naturelle est sous-jacente. On notera que, par l'emploi de l'adverbe *plene*, l'auteur installe un parallélisme suggestif avec le pronom (*pronomen*, litt. « tenant lieu de nom »), dont la définition traditionnelle comprend la formule *minus quidem plene* : cf. plus loin, et note 22.1.

3.2. L'ordre des accidents, classiques, du nom reflète la source d'Audax (Scaurus ?), à ceci près que notre auteur intercale la *comparatio*, non évoquée par Audax, et qui paraît avoir été introduite par Donat (cf. A. Garcea, *Caesar's* De analogia, 2012, Oxford, p. 178-179). Les accidents moins remarquables auxquels il est fait allusion sont l'*ordo* (la dérivation) et l'*accentus* (accentuation), reconnus comme tels par le seul Probus-Palladius (*GL* IV, respectivement 73, 34 *sqq.* et 74, 33-36).

4.1. L'appellatif est donc une catégorie du nom, comme le propre, et non pas une *pars orationis* à part entière, comme l'*appellatio* de Scaurus selon Diomède, *GL* I 300, 27. On voit par là que, si à l'origine de cette *rédaction* peut se trouver Scaurus (comme on pense pour Audax et « Maximus Victorinus » : cf. note 1.2.), le détail de la *théorie* a pu être normalisé.

4.2. Les exemples sont classiques : toutefois, si *Roma*, *Tiberis* figurent chez Donat, *urbs* et *flumen* sont ici intentionnellement remplacés par deux quasi synonymes, *ciuitas* (cf. la mise au point d'Isidore, *Orig*. XV 2, 1, et *Diff*. I 329 Codoñer, d'après Cic. *Fam*. 9, 14, 8 = 739, 8 CUF) et *fluuius* (cf. Isidore, *Diff*. I 436 Codoñer). Le *De Magistro* (IV 8) retient lui aussi le mot *fluuius*.

5.1. La présentation des genres évite la polémique, en parlant de trois genres *simples*. Sans cette précision, le décompte est variable, ce qui est problématique dans un domaine ou le fin mot de la pédagogie est la liste. Donat (*Mai.* 586, 5 H) en annonce ainsi quatre (m, f, n, indifférencié), comme Dosithée (§ 17 B), puis ajoute le *genus omne*, alors que Dosithée synthétise l'indifférencié ; l'anonyme de Bobbio (2, 29-30 De Nonno) en fait un cinquième genre... L'ambivalent est le plus souvent traité après les autres catégories, comme ici. On notera enfin le souci de faire correspondre genre et sexe dans les exemples choisis (cf. *uir, mulier*).

5.2. Il y a un goût certain de la provocation à choisir cet exemple, d'autant que le statut du mot est discuté : tenu pour *commune* par Diomède (*GL* I 301, 10), l'anonyme de Bobbio (20, 30 De Nonno), Priscien (*GL* II 142, 25 ; 146, 8) ou l'auteur anonyme des *Regulae* (*GL* V 502, 4 et 513, 9 = 31, 2 et 85, 10 Martorelli), ce mot est plus justement posé comme épicène, en dépit de son sens, par Charisius : les exemples littéraires allégués par Priscien (*GL* II 206, 14 *sqq.*) ne disent finalement rien d'autre. L'opinion un peu rapide des grammairiens est soutenue par la *differentia* classique avec *uir* (cf. par ex. Isidore, *De diff.* I 356 Codoñer) et surtout ici par l'exégèse de Gn I, 27 : *et creauit Deus hominem ad imaginem suam ; ad imaginem Dei creauit illum ; masculum et feminam creauit eos*, que reflètent les exemples successifs. Le genre ambivalent transcrit l'addition « homme et femme », alors que l'épicène révélerait une alternative « soit homme, soit femme ». On rapprochera aussi *Civ.* III 3 : *An deos fas est hominibus feminis, mares autem homines deabus misceri nefas ?* Sur l'analyse de *homo* et les problèmes posés par les mots épicènes ou *communia*, on se reportera à G. Bonnet, « Remarques sur le *genus commune* des noms dans la grammaire latine », dans *Letras clássicas*, 11, 2012, São Paulo, p. 91-103.

5.3. Avec l'ajout, unique dans la tradition, de l'ambivalent masculin / neutre, on arrive donc à six catégories ! Deux autres textes raffinent ainsi le *commune* au-delà des deux sous-catégories bien repérées du masculin / féminin et de l'*omne* : Probus-Palladius (*GL* IV 52, 11 *sqq.*) et l'auteur de la grammaire conservée dans le manuscrit de Munich Clm

6281 (f. 55v). Cependant, leur propos vise des formes casuelles identiques : *magnorum, doctum* ou *docti* sont ainsi masculins et neutres, tandis que *magna* est féminin singulier et neutre pluriel. Prétendant ici dépasser l'anomalie morphologique, la nouvelle sous-catégorie ne manque pas de pertinence, puisqu'elle repose sur l'extension au troisième *genus simplex*, le neutre, de l'opposition bien réelle du suffixe masculin *-tor* au féminin *-trix*. Le choix de l'exemple *uictor* nous conduit à ce qui doit être la source de notre auteur, un autre passage de Probus-Palladius, (91, 15-27) que nous retrouverons plus loin (cf. *infra* les notes 14.2 et 61.3). Dans cette perspective, la substitution de *numen* à *mancipium* de la source relève de la christianisation.

5.4. Le terme *promiscua* est généralement avancé à côté du terme grec ἐπίκοινα, ici évité. Les exemples proposés sont classiques. La remarque finale institue trois degrés dans le marquage en genre : les *genera simplicia*, « naturels », la combinaison de ces genres, et enfin l'épicène, catégorie référentielle et non naturelle ou grammaticale.

6.1. On perçoit nettement en quoi cette grammaire est abrégée : une rédaction proche, comme celle du manuscrit de Munich, Clm 6281, f. 55v, qui a les mêmes exemples, poursuit en signalant les ambigus en nombre (au nominatif seulement !) comme *res, nubes* ou *dies*, les *singularia* et *pluralia tantum*, les singuliers collectifs ou encore les duels comme *duo, ambo, uterque*.

7.1. L'accident de la *comparatio* est justifié sur le plan *sémantique* puisqu'on le dit implicite dans le positif (cf. aussi le manuscrit de Munich, Clm 6281, f. 54v qui affirme que *mediocris, fatuus, mortuus* – qui n'ont ni comparatifs ni superlatifs – *uno gradu comparantur*), ce qui lui confère une assise plus stable que le simple plan morphologique, où il ne serait pas toujours justifié par la variation formelle, inconnue de nombreux *nomina*. Si l'on saute la parenthèse (cf. note suivante), le développement s'attache aux contraintes syntaxiques pesant sur le complément : cas (la présence de *quam* n'est pas relevée !), catégorie (emploi non technique de *genus* !), nombre, qui permettent de distinguer comparatif et superlatif en faisant abstraction du sens. Des cas d'espèce (nombre du comparé, nombre du génitif complément) concluent cette présentation.

7.2. Cette parenthèse grammaticale, puis exégétique et finalement philologique a suscité le plus grand intérêt à l'époque carolingienne : cf. notre introduction. Les trois évêques de l'exemple ne sont pas sans évoquer la pléthore de sièges épiscopaux (près de six cents ?) que comptaient l'Afrique romaine ou l'Italie. On notera que le texte ici condamné est celui qui a été retenu dans la Nouvelle Vulgate, tandis que la Vulgate sixto-clémentine a *manent* et le génitif pluriel. Ce dernier cas, au lieu de l'ablatif régulier, doit constituer un hellénisme que les traducteurs chrétiens du grec scripturaire auront mis en situation de rivaliser avec le tour impliquant l'ablatif, inaccessible depuis le grec (cf. A. Ernout & F. Thomas, *Syntaxe latine* § 198, citée par A. Guerreau-Jalabert, 1982, p. 261, n. 184).

7.3. La doctrine, classique, sur l'opposition comparatif / superlatif (et de fait, les deux ne sont pas toujours discernables sur le seul plan sémantique) repose sur l'homogénéité du comparant et du comparé, et sur le cas du comparant. La citation virgilienne (*Aen.* I 96) est classique – notons la désignation allusive au poète par excellence.

8.1. Les exemples proposés sont classiques : le transparent *ineptus*, emprunté au type mot entier + mot altéré (cf. par exemple Donat, *Mai.* 624, 4 H), permet d'introduire la formule paradoxale assez brillante qui conclura le paragraphe. Pour *inexpugnabilis*, notre auteur précise toutefois le nombre de *partes* impliquées : trois (*in*, *ex* et *pugna*), quand les autres grammairiens parlent prudemment de *compluribus partibus*... C'est que l'analyse est plus complexe : on comprend en fait *in* + *expugnabilis*, soit 1 + [1+1]. Les composés seraient ainsi toujours bi-membres, ce que confirme l'exposé traditionnel des modes de composition, qui épuise les quatre combinaisons de *deux* mots entiers et altérés. Or, justement, ici on évite de recourir à ce mode d'exposition, et l'on se contente d'un vague *omnes* : effet de contraction du texte, ou prise de position ?

8.2. Le diminutif *particula* désigne une partie du discours, *pars orationis*, dégradée, en l'occurrence ici dépourvue d'autonomie : cf. G. Bonnet, « Sens et emploi de *particula* dans les textes grammaticaux latins », dans *Voces* 16, 2005, 59-73.

9.1. La référence au changement de la syllabe finale n'est pas fréquent : ici l'auteur combine deux définitions alternatives, proposées par Consentius (*GL* V 350, 16-17) : *nominis positio* et *commutatio ultimae syllabae*.

9.2. L'allusion au « septième cas », regroupant les valeurs instrumentale (ici) et locative de l'ablatif, est marquée de son origine scaurienne par l'exemple avec *uectus* et l'équivalence impliquant la préposition *per*, traits également présents chez Audax *GL* V 342, 5-8 et « Maximus Victorinus », *GL* VI 190, 5-7. Cette spécificité latine est déjà signalée par Quintilien I, 4, 26. On pourra, sur cette question consulter le commode survol de F. Murru, « A propos du *septimus casus* », in *Eos* 68, 1980, 151-154, qui propose de voir dans l'approche latine celle d'une valeur élative non prépositionnelle.

10.1. Mode d'introduction traditionnel dans les écoles d'un paradigme casuel mais aussi verbal à l'occasion (on le retrouvera plus loin) : cf. l'*Ars minor* de Donat, Probus-Palladius, Diomède, etc. Les accidents y sont énumérés dans l'ordre préalablement choisi pour l'exposé théorique, et le futur « on le déclinera » est de rigueur. On notera que les pluriels *Tullii* et *Tulliae* (§ 11) n'ont guère de pertinence (*Tullii* = Cicéron et son frère ?) hors du cadre grammatical ; ils sont d'ailleurs propres à ce manuel.

14.1. Le terme *infector* est rare ; le féminin *infectrix*, employé comme adjectif, n'est connu que chez Julien d'Eclane, cité par Augustin dans son *Contra Iulianum opus imperfectum* II, 105, 45-46 (Zelzer, CSEL 85, 1974 : *omne malum... infectrix seminum culpa primi genitoris*). Ces exemples semblent appeler une connivence avec les lecteurs : de fait, en Afrique était développée la teinture en pourpre à l'aide du *Murex trunculus* : cf. notre introduction.

14.2. L'existence et la déclinaison du neutre peuvent étonner. Un passage de Probus-Palladius, *GL* IV 91, 15-27 explique que le genre neutre se rencontre à l'occasion ; quant au pluriel, il se déclinerait *anomale*, c'est-à-dire en fait sur le suffixe du féminin, mais Probus ne va pas jusqu'à proposer les cas obliques... D'après les cas directs, ici comme là, on attendrait *infectricium*, et *infectricibus*. Le retour de notre rédaction au suffixe du masculin pour des neutres supposés *infectorum*, *infectoribus*, qui aboutit donc à un paradigme incohérent, sent l'improvisation sur un point non traité par la source, Probus-Palladius, dans le passage référencé plus haut (cf. aussi notes 5.3 et 61.3).

16.1. Sont ici visés des aptotes, qui partagent leur invariabilité avec les monoptotes et certains diptotes (§ suivant). Le départ entre ces deux types d'invariables est délicat (cf. la tentative de mise au point de Priscien, *GL* II 184, 6 *sqq.*), si bien que tel exemple est, d'un auteur à l'autre, diversement apprécié. D'ailleurs, les incertitudes terminologiques relatives à ce que recouvrent les termes aptotes et monoptotes sont bien repérées : cf. F. Murru, « Tra *monoptota* e *aptota* : un capitolo di storia della linguistica antiqua », in *Emerita* 50, 1, 1982, p. 33-50, ou plus récemment V. Mazhuga, « *Aptota an monoptota* », dans L. Basset *et alii* éd., *Bilinguisme et terminologie grammaticale gréco-latine*, Leuven-Paris-Dudley, Ma., 2007, p. 271-283. La présentation du paradigme éclaire la question : l'aptote, invariable formel, a cependant une déclinaison complète, tandis que monoptotes et diptotes ne connaissent qu'un emploi casuel limité.

17.1. Le refus des termes d'origine grecque (ici, de surcroît, piégés : cf. note préc.) contraint notre auteur à recourir à une paire terminologique latine : *indeclinabilia* est courant, mais qualifie d'ordinaire (cf. Char. 27, 5 B, etc.) les... aptotes, pour lesquels est ici utilisé un rarissime *inflexibilia*, connu seulement de Martianus Capella (III 279 à propos de *pus*) et des *Commenta Bernensia ad* Pharsaliam VII 217 (à propos de *cornus*).

18.1. Le classement des déclinaisons d'après l'ablatif remonte à Varron (*LL* X 62). Adopté par la tradition grammaticale, il est couramment utilisé. Pour plus de détails, on se reportera à A. Garcea, *Caesar's* De analogia, Oxford, 2012, p. 198-199.

19.1. L'incertitude est bien de l'ordre de l'orthoépie dans un cadre d'une orthographe ambiguë. Le recours au nominatif et aussi au génitif (*sedes* ou *uulpes* ne disent rien seuls) permet d'éviter les barbarismes dans la lecture, et préserve le rythme constitutif de la poésie.

20.1. L'objectif recherché par la réalisation de ces formes potentielles est fermement souligné : distinguer le sexe du référent, même si l'on peut penser qu'*animus* n'est pas le masculin d'*anima* (mais Augustin est l'auteur d'un traité *Contra Manichaeos de Duabus animabus*) ! La grammaire latine n'ignore pas ces formes dites exceptionnelles, et motivées *propter testamentorum necessitatem*, dit Servius dans son Commentaire de l'*Ars maior* de Donat (*GL* IV 434, 8-11). Avec pertinence, l'auteur constate que les adjectifs, déterminés en genre par leur régime, n'ont pas besoin d'une telle précision – cette remarque ne se rencontre pas chez tous les grammairiens, souvent préoccupés de multiplier complaisamment les exemples. Il n'est pas interdit de trouver une tonalité chrétienne aux deux adjectifs substantivés associés : *uerabus* et *iustabus*, non attestés ailleurs.

20.2. Très rare emploi (Charisius 168, 18 B et Clédonius, *GL* VI 36, 18) du terme *adiunctiuum* pour désigner l'« adjectif ». D'après Charisius, l'usage remonterait à Caper, qui l'opposait à *appellatiuum*.

21.1. Le datif-ablatif pluriel des mots de ce type est rare, et justement incertain : *diplomatibus* (Tac., *H*. 2, 65), mais *epigrammatis* (Cic., *Ep*. 22, 15 = *Att*. 1, 16, 15). C'est évidemment *poema* qui posait le plus de problèmes, dont le datif-ablatif pluriel est plus régulièrement anomal (Cic. *De Off*. III, 15 ; *Or.* 70) que régulier (Suét., *Tit.* 3). Charisius, relevant aussi les génitifs pluriels en -*orum*, signale l'oscillation entre deux déclinaisons de ces mots qui, *etiam cum Latine dicuntur, natura sunt Graecae* (50, 29 – 51, 17). Pour le mot choisi comme exemple, nous adoptons la lecture de L. Martorelli (dans « Contributo al testo dell'*Ars breuiata* di S. Agostino », in Accademia delle Scienze di Torino, *Memorie della Classe di Scienze Morali*, Serie V, vol. 35-36, 2011-2012, 249-295), *physema*, qui correspond d'ailleurs au texte des manuscrits, que le remplacement de *ph* par *f* – lu ensuite *s* – a défiguré. Ce xénisme est connu par le seul Pline (*N.H.* IX 108) avec un sens très technique (ostréiculture), mais il doit sans doute être entendu ici comme l'équivalent de *flatus* ou *flabra*, « souffle », qu'il est dans les glossaires grec-latin (*CGL* II 474, 5 et III 426, 37).

21.2. Entendons ici sans doute l'enchaînement, l'articulation raisonnée des éléments (lettres en syllabes puis en mots ; parties du discours entre elles pour agencer des énoncés), constituant la grammaire en tant qu'*ars*.

21.3. L'insistance sur l'*auctoritas*, le fait prévalant sur la « logique » de la langue, est très remarquable. Si cette opinion est une prise de position personnelle (cf. plus loin, notes 39.2 et 46.2), comme le notait V. Law dans « St Augustine's *De grammatica* : Lost or Found ? », in *Recherches augustiniennes* 19, 1984 [155-183], p. 177, elle présente aussi l'avantage de justifier *a priori* tout écart dont cette grammaire, abrégée, ne rend pas compte.

De Pronomine

22.1. La définition correspond (à l'interversion près de *nomine* et *posita*) à celle que donnent le Probus-Palladius des

Instituta artium (*GL* IV 131, 2-3), Audax (*GL* VII 343, 9-10), Dosithée (27, 2-3 B) ou l'Anonyme de Bobbio (39, 26-27 De Nonno). Elle est à ce point commune que l'Augustin protagoniste du *De Magistro* devine que c'est elle qu'Adéodat a « restituée » (*reddidisti*) à son maître (V 13)...

22.2. L'adverbe *nunc*, nous ramenant à un propos que nous n'avons pas quitté, trahit la perte d'un développement présent dans l'état antérieur du texte, développement qui devait sans doute viser à justifier le *minus plene*, comme on voit chez Probus-Palladius, *GL* IV 131, 4-6. L'ordre des accidents est identique chez Audax ou Donat (*Mai.* 629, 34 H).

23.1. Le traitement de la *qualitas* est hésitant : une première division, entre *finita* et *infinita*, est compliquée par l'irruption des *minus quam finita*. Discrètement seront ensuite (§ 25) introduits les *possessiua*. On passe ainsi d'une position proche de Donat à la quadripartition traditionnelle, telle qu'on la trouve chez Probus-Palladius (GL IV 132, 25 *sqq.*). Comme le rappelle L. Holtz, *Donat et la tradition de l'enseignement grammatical. Étude sur l'*Ars Donati *et sa diffusion (IV*[e]*-IX*[e] *siècle) et édition critique*, Paris, 1981, p. 128-129, c'est Donat qui, au dire de Servius (*GL* IV 435, 25 *sqq.*) choisit d'axer la présentation des pronoms sur le critère de la détermination. De la sorte, *minus quam finita* et *possessiua* deviennent des sous-catégories des *infinita*. Toutefois, il y a ici, dans l'adaptation de Donat, un important infléchissement : au lieu de lier fermement les *finita* aux personnes – *finita sunt quae recipiunt personas*, dit Donat, *Mai.* 629, 6 H –, l'auteur se place dans le cadre d'une interrogation fictive (inspiré par une des valeurs du préverbe ἀντί, présent dans le nom grec des pronoms ?), et remplace la *persona* par ce qui, dans la réponse, peut fournir un élément de connaissance. Le changement de critère est marqué par la dernière place donnée à ego dans la liste des exemples de *finita*. Ce choix a comme conséquence que le pronom *ille*, qui marque l'éloignement, n'a plus sa place dans la fiction de l'interrogation, et ce modèle de l'expression de la troisième personne n'est plus qualifié de personnel (§ 32) : c'est *iste* qui en prendra la place. Néanmoins, notre auteur est sensible au danger d'un critère pragmatique : les mêmes mots pouvant figurer comme interrogatifs et dans une réponse, seul un interrogatif « absolu », ici représenté tant bien que mal par *quisnam*, serait donc proprement *infinitum*, les autres formes d'interrogation étant repoussées dans la catégorie impure, car contextuelle (et donc plus ou moins prédéterminée), des *minus quam finita*. D'où finalement la correction apportée par cette tierce catégorie, pour laquelle l'imprécision est alléguée comme critère. C'est le système adopté dans la suite de l'exposé : *finita*, ceux qui ne laissent pas d'indétermination (*ego*, *tu*, *hic*, *iste*), minus quam *finita* ceux qui suggèrent (*is*, *ille*, *ipse*, *se*, tous anaphoriques), et *infinita* les interrogatifs. On relèvera que *idem*, généralement interprété comme *minus quam finitum*, n'est pas pris en compte.

23.2. En deçà de ses caractéristiques en genre, nombre et cas, c'est la vedette de dictionnaire *quisnam* qui est ici exprimée, faute d'une forme non marquée. Il est constant que le nominatif singulier est, pour les anciens, la véritable forme d'un mot. Que le masculin soit, en outre, le genre « non marqué » montre en quelle déshérence est le neutre, qui aurait pu tout aussi bien – voire mieux, car c'est le genre de l'indétermination sexuelle ! – jouer ce rôle.

24.1. L'accident de la personne distingue nettement les pronoms des noms. C'est sur lui que la tradition grammaticale grecque remontant à Aristarque et suivie par la *Téchnè* de Denys le Thrace (quel que puisse en être l'auteur), et Apollonios Dyscole fondaient la catégorie des pronoms. Seul, chez les Latins, Priscien adoptera ces vues dans toute leur exigence. La définition des personnes n'est pas originale.

25.1. En s'attardant sur les possessifs après avoir évoqué tous les accidents du pronom, l'auteur corrige le défaut de l'exposition faite à propos de la *qualitas* : quatrième catégorie traditionnelle de pronoms, les *possessiua* brillaient jusqu'alors par leur absence. Leur rattachement au principe général d'interrogation fictive annonce les dyptiques pronominaux *infinita* / *finita* à venir (§ 37-38, puis 39-44).

25.2. Cette formule ramassée fait l'économie du discours traditionnel sur les deux *significationes* des possessifs, pronoms bipersonnels orientées *intrinsecus* (vers le possesseur) et *extrinsecus* (vers le possédé), qui permettent de proposer – selon la manie classificatoire des grammairiens – une ventilation secondaire du nombre : si *meus* est *utrumque singulare*, « singulier quant aux deux référents » tandis que *nostri* est *utrumque plurale*, *mei* est un singulier intrinsèque, mais un pluriel extrinsèque, et *noster* un pluriel intrinsèque mais un singulier extrinsèque (cf. par ex. Diomède, *GL* I 329, 26-29). Faute de cette précision, les paradigmes *meus* et *noster* (§ 40 et 41), *tuus* et *uester* (§ 42 et 44) offriront donc au lecteur les mêmes spécifications. Donat avait aussi négligé cet appareillage formel, sans toutefois renoncer à l'explication : cf. L. Holtz, *Donat et la tradition de l'enseignement grammatical. Étude sur l'Ars Donati et sa diffusion (IVe-IXe siècle) et édition critique*, Paris, 1981, p. 131.

25.3. Donat, par souci de parallélisme avec les noms, avait mis en valeur les pronoms ethniques, devenus pourtant des curiosités. Le même matériel, comme du reste le tout aussi rare *cuius, a, um*, trouve une place plus naturelle dans le cadre de l'interrogation fictive.

26.1. Le rédacteur prend position avec fermeté dans le débat sur l'existence et la nature du vocatif pronominal. Le pronom étant en effet par essence un signifiant « de substitution », on pouvait se demander si le vocatif, qui se déploie dans le scénario de l'interpellation, y était pertinent. Une réponse assez fréquente consistait à lui substituer un adverbe exclamatif *o*, solution écartée ici ; c'est pourtant celle de Donat (*Mai.* 631, 7 H), qui toutefois exceptait la première personne du singulier (on ne saurait s'interpeler soi-même). L'embarras de Diomède, *GL* I 329, 35 – 330, 7 est caractéristique de l'indécision théorique, mais aussi pédagogique : faut-il en effet maintenir six entrées casuelles ? Notre auteur laisse parler l'évidence des paradigmes, sans entrer par anticipation dans le détail.

26.2. L'ordre dans lequel seront étudiés les pronoms est le suivant : les pronoms personnels (définis et moins que définis), puis les indéfinis, selon l'ordre impliqué dans le processus classificatoire de l'interrogation ; indéfinis possessifs et possessifs ethniques concluront l'examen.

27.1. L'absence du génitif *nostrum*, comme plus bas de *uestrum* est d'autant plus remarquable que ces anciens génitifs en *-um* sont considérés comme réguliers (cf. Priscien, *GL* III 161, 18). Donat (*Min.* 588, 20 et 22 H) et Priscien (*GL* III 4, 4, etc.), qui seuls proposent aussi les formes en *-i*, les placent toutefois en second choix, et si Charisius 184, 8-10 B rapporte une déclinaison de *uos* proposant exclusivement *uestri* comme génitif, le caractère exceptionnel de celle-ci est souligné. La répugnance à présenter un génitif alternatif pourtant usuel tient à la confusion toujours possible avec le génitif du possessif (cf. Priscien, *GL* III 173, 21, et le Pseudo-Caper, *De orth.*, *GL* VII 94, 9-10).

27.2. La première personne n'a de vocatif ni au singulier ni au pluriel. Si Donat refuse le vocatif au singulier, il l'admet au pluriel (cf. *Min.* 588, 20 H), sous la forme minimale *o*, condamnée justement par notre auteur. Il est vrai que Donat admet aussi un impératif à la première personne du pluriel, *legamus* (cf. *Min.* 593, 23 H), forme sur laquelle notre auteur est très réservé (cf. § 56).

28.1. Le vocatif est différemment constitué au singulier, où il est identique au nominatif, et au pluriel, où l'adverbe exclamatif précède la forme pronominale proprement dite. En escamotant l'adverbe exclamatif devant *tu*, la rédaction prépare la réflexion conclusive (cf. note suivante).

28.2. Le pronom en question est *tu*, dont *uos* n'est que le pluriel. Ce que les modernes considèrent comme un nominatif est ici interprété comme un vocatif : comment pourrait-il en être autrement, puisque le vocatif est le cas de l'interpellation, et que la deuxième personne est celle « à qui l'on parle » (§ 24) ? Vocatif par excellence, *tu* échappe à la règle édictée plus haut concernant la formation du vocatif, car il est une forme première, donnée comme telle (une *prima positio*), qu'il s'agit ensuite de décliner. Nous ne savons pas qui sont ceux qui soutiennent cette idée, étayée sur l'homogénéité entre la *persona cui dicitur* et la fonction interpellative. En revanche, nous les retrouvons combattus par Priscien (*GL* III 12, 18-19) qui affirme très clairement, au cours d'une réflexion serrée sur les nominatifs et vocatifs des personnels, que *male igitur quidam secundam personam nominatiuum non putauerunt habere* (cf. aussi *GL* III 202, 8 *sqq.*).

29.1. Le pronom *hic*, démonstratif pour Donat (*Mai.* 629, 13 H) est élevé au rang de personnel par la fiction de l'interrogation. L'ordre dans lequel se suivent les représentants de la troisième personne (il vaudrait peut-être mieux dire ne relevant pas des première et deuxième personnes, puisque *ille* n'est pas caractérisé : cf. *supra*, note 23.1) est rythmique : les monosyllabes d'abord, puis les dissyllabes, les *finita* précédant les *minus quam finita*. Enfin, les cas particuliers que constituent, au plan référentiel, *ipse* et *se* sont réservés pour la fin.

30.1. Le rédacteur recourt à une forme à radical *i-* dans le seul but de proposer une solution alternative à l'homophonie avec le datif singulier. On n'attendra donc pas de datifs ou ablatifs *iis* !

31.1. La forme composée puis apocopée *istuc* est citée par le seul « groupe de Charisius », à l'exclusion de Diomède : Charisius lui-même (201, 18 B), l'Anonyme de Bobbio (41, 14 De Nonno) et Dosithée (29, 8 B). Priscien, qui avance *istoc* au livre XII de son *Ars* (*GL* II 590, 18 et 21 : c'est *istud* + *hoc*, d'après 589, 14), signale malgré tout *istuc* au livre suivant, sur la déclinaison pronominale (*GL* III 2, 6), mais le donne alors comme monoptote, c'est-à-dire en l'occurrence comme pronom pourvu d'une seule forme, non d'un seul cas.

32.1. On est étonné du refus de *illuc*, qu'admettent Charisius (201, 22 B), l'Anonyme de Bobbio (41, 25 De Nonno) et Dosithée (29, 16 B) : cf. note 31.1.

33.1. Selon Charisius (201, 18-20 B), entre autres, l'absence de **ipsud* est due à l'ancien nominatif *ipsus*, qui aurait valu à ce pronom une déclinaison sur le modèle nominal (au moins pour les cas direct du neutre). Remarquable, le silence sur les formes archaïques du type *ipsus* : est-ce un effet de l'abrègement du texte ?

34.1. Quelle est la vedette de ce pronom ? Ici, le rédacteur éprouve une gêne étrange (qu'on songe à la simplicité de Donat, *Mai.* 631, 9 H) à partir du génitif – qui peut, il est vrai, évoquer aussi le possessif *suus*. L'usage semble incliner vers l'accusatif *se* : est-ce parce que l'accusatif sujet (de proposition infinitive) renvoie au sujet (au nominatif) du verbe régisseur ?

35.1. Le seul indéfini proposé (cf. *quisnam* au § 23) est le simple *quis*, à la fois indéfini et interrogatif, comme en grec. Notons la permanence de l'ablatif archaïque *qui*.

35.2. La distinction morpho-syntaxique est formulée en termes syntactiques : l'adjectif implique un régime accordé en cas, tandis que le pronom veut un complément adnominal.

36.1. La correction que nous proposons est exigée par la remarque que *qui* est ambivalent en nombre : cf. Donat, *Mai.* 630, 6-7 H. Le rédacteur sépare ainsi deux paradigmes souvent confondus (par exemple chez Probus-Palladius, *GL* IV 133, 20 *sqq.*) : celui de l'indéfini / interrogatif et celui du relatif.

37.1. Le pronom-adjectif *quotus* est rare, si rare qu'il n'est pour ainsi dire jamais accompagné de la citation d'un *auctor*. Son existence quasi théorique ne dissuade pourtant pas les grammairiens (Donat, *Mai.* 629, 10 H, Audax, *GL* VII 343, 27, etc.) de le signaler, dans un souci pédagogique de parallélisme.

39.1. Le génitif *cuius* est mis en perspective étymologique avec le rare *cuius, a, um*. L'aptitude implicitement supposée du nominatif masculin singulier à l'emploi adnominal comme complément possessif ressortit au statut spécial de la vedette.

A la déclinaison complète ici proposée, on opposera la remarque de Donat (*Mai.* 631, 7-8 H) que ce pronom n'aurait pas tous les cas – de fait, il cite les seuls nominatifs singuliers.

39.2. Keil avait implicitement souligné l'intérêt que représente le décalage assumé entre la langue littéraire et l'usage contemporain de l'auteur (cf. notes 21.2 et 46.2, etc.) – qui finit par accaparer le propos à la fin du paragraphe – quand il choisit d'inclure ce développement dans les extraits qu'il donna de l'édition Weber (*GL* V 494, 9-21). La mention que les auteurs classiques sont sur les lèvres de tout un chacun permet de dater le texte original à une époque où l'enseignement est encore solidement assuré, soit vers la fin du IVe ou le début du Ve siècle.

39.3. L'ambiguïté en question est l'emploi de ces deux interrogatifs associés à un régime lui-même au génitif du même nombre, comme *cuius serui emisti paenulam ?* « De l'esclave de qui / De quel esclave as-tu acheté le manteau ? ».

40.1. L'idée de proposer un modèle pour la déclinaison de *meus* est originale. Le troisième mot similaire, *deus*, qui a des particularités flexionnelles (au pluriel, nominatif *dii* ou *dei*, génitif *deum* ou *deorum*...), ne convenait pas ici. Notons l'absence de l'anomal vocatif *mi* : effet de l'abrègement ?

45.1. Cet interrogatif est à ce point rare qu'il faut deux exemples à l'auteur pour en faire comprendre le mécanisme ! Les formes du pluriel, très régulières, ne sont attestées qu'en contexte grammatical : *Explan.* II, *GL* IV 547, 19-24. Du reste, Donat note péremptoirement (*Mai.* 631, 8 H) que le seul *casus* en usage est *cuiatis* – péremptoirement, mais un peu vite : cf. note 46.3 !

46.1. Le pluriel de cette dernière forme n'est guère connu autrement que par *Explan.* II, *GL* IV 547, 25 (seulement le nominatif masculin). D'ailleurs, l'article *hic haec hoc* est symptomatiquement joint à ce pronom.

46.2. On notera ici encore (cf. *supra*, § 39 et note 39.2) l'importance attachée à l'usage contemporain. Comme plus haut, (cf. § 39 et 43), la déclinaison complète de *nostras* s'oppose à la remarque de Donat (*Mai.* 631, 8 H) sur sa limitation au seul génitif singulier *nostratis*.

46.3. Allusion à deux passages des *Tusculanes* : V 108, où l'on trouve *cuiatem*, et V 90, qui a *nostrates*. Quant à *uestras*, nos dictionnaires modernes confirment bien qu'il s'agit d'un mot de grammairiens, à l'existence théorique, ou tout au moins fantomatique.

De Verbo

47.1. Cette définition du verbe est classique (cf. Donat, *Mai.* 632, 5 H). On la retrouve sous la même forme brève (suppression de la référence aux diathèses fondamentales) chez Cassiodore.

47.2. La liste des accidents du verbe est plus riche que chez Donat, par exemple, du fait que la *qualitas* de ce dernier, ici absente, est remplacée par ces deux composantes donatiennes, *modi* (§ 51) et *formae* (§ 54).

48.1. Le parallélisme terminologique avec les noms (cf. P. Flobert, *Les verbes déponents des origines à Charlemagne*, Paris, 1975, p. 19) est assumé (d'où notre traduction) pour être aussitôt relativisé. L'ordre des *genera* a évolué avec le temps. Comme l'a établi P. Flobert (*ibid.*, et p. 21-30), il opposait d'abord le *neutrum* (ni actif pour le sens, ni passif, pour la forme) au *commune* (actif ou passif), comme pour les noms ; le *deponens* venait ensuite, pour avoir « déposé » le sens passif. Avec le déponent en troisième position, ce qui ne se trouve que chez Sacerdos (*GL* VI 429, 28), notre auteur adopte un point de vue « moderne » très différent des présentations à ordre « historique » (le Pseudo-Augustin des *Regulae* ou le manuscrit de Munich, Clm 6281, avec le *deponens* cinquième) éventuellement retouché (chez Donat, Audax, Probus-Palladius ou « Maximus Victorinus », avec le déponent quatrième devant le *commune*).

48.2. La définition pratique, purement formelle, des genres est axée sur un critère commun – au besoin par défaut – : la marque *-r*. Ce procédé pédagogique est très répandu : cf. Donat, *Mai.* 635, 7 *sqq.* H. Pour la lettre, la rédaction de ce paragraphe – comme d'ailleurs du suivant – se rapproche du manuscrit de Munich, Clm 6281, f. 59r.

48.3. La discrète explication étymologique (par *littera... qua deposita*) du terme *deponens*, classique, figure dans le *De Musica* de saint Augustin (V 3, 4) : *deponens uerbum quod litteram non deponit*.

50.1. L'impersonnel, traité ici au niveau des *personae*, n'est donc pas une voix ou un mode, comme le veulent certains grammairiens (cf. le tableau de S. Schad, *A Lexicon of Grammatical Terminology*, Pise / Rome, 2007, p. 203 ; Consentius, *GL* V 380, 11 *sqq.* se fait écho de ces hésitations). On notera l'expression non technique *suum genus* : le vocabulaire employé à des fins techniques par les auteurs antiques n'est pas pour cela univoque.

50.2. La déclinaison *curritur a me / te / illo*, peu probable, sent l'école, comme plus haut les *Tullii* (§ 10) et *Tulliae* (§ 11). On retrouve ce passif chez « Maximus Victorinus », *GL* VI 200, 14. Seuls Pompée, *GL* V 217, 18 et *Explan.* II, *GL* IV 549, 6-7 citent des formes personnelles actives (*pudeo, taedeo*).

51.1. Allusion aux doctrines défendant l'existence du futur comme *promissiuus modus* : Charisius 176, 9 B (reprenant Cominien), ou *Explan.* I, *GL* IV 505, 26.

51.2. Très remarquablement, le subjonctif est cité avant l'optatif. Cela ne s'observe, ailleurs, que dans la *defloratio* érigénienne de Macrobe, et encore, d'une manière non systématique : dans la ventilation des temps par modes, *GL* V 611, 6-21 (= 79, 1-19 De Paolis), et la séquence de présentation des deux modes, 619, 21 et 620, 12 (= respectivement 113, 16 et 119, 1 De Paolis), tandis que la justification du nom des modes, 611, 3-4 (= 77, 4-7 De Paolis), présente l'optatif avant le subjonctif). Ce choix montre la liberté prise avec un modèle grammatical dont l'asservissement au grec était ici indu.

51.3. Le décalage entre les temps cités pour le subjonctif (l'imparfait) et l'optatif (le futur) a peut-être pour fonction d'attirer l'attention sur ce qui sera dit plus loin (§ 58) de l'optatif, dépourvu d'imparfait (qui aurait pu être *scriberem* !) mais pourvu d'un futur, ce qui n'est pas évident : cf. Consentius, *GL* V 375, 3-10.

51.4. La valeur temporelle des infinitifs subordonnés étant relative à la temporalité donnée par le verbe introducteur, elle est *a priori* indéterminée. On trouve dans le texte latin tantôt *infinitus*, tantôt *infinitiuus*, tous deux en concurrence dans la littérature grammaticale, sans différence appréciable. La confusion des manuscrits rend arbitraire le choix d'une forme unique.

52.1. Les *differentiae* ou *species* du passé (imparfait, parfait, plus-que-parfait) sont négligées ici ; elles apparaîtront plus loin, § 59 *sqq*. Est-ce un effet de l'abrègement ? De même, il ne sera rien dit de la formation des parfaits, pour laquelle certains grammairiens édictaient des lois complexes gouvernant le rapport entre les thèmes d'*infectum* et de *perfectum*.

53.1. Cette présentation simple et pratique rappelle jusque dans son expression celle de Donat, *Mai*. 634, 3 *sqq*. H. Toutefois, la quatrième conjugaison y est plus franchement admise. Le moyen de distinguer par l'impératif les verbes de la quatrième déclinaison laisse ici de côté, comme implicite, la marque de la troisième : un *e* bref.

53.2. Les deux futurs de la quatrième déclinaison sont présentés comme également acceptables, selon une opinion partagée. Donat introduit (*Mai*. 635, 1-4 H) l'opinion que la forme en *-bo(r)* était, selon certains réservés aux verbes en *-eo* comme *ire* et *quire*.

54.1. Les dérivés modaux sont séparés des *modi*, avec lesquels ils sont pourtant souvent regroupés (cf. note 47.2). On le trouve sans doute ici, après les *coniugationes*, du fait que la variation en *forma* peu impliquer la variation en conjugaison (*calesco* / *caleo*). Notons l'ordre de présentation, qui définit implicitement (depuis l'abrégement ?) la *forma perfecta* comme point de départ de trois variations modales.

54.2. Ne sont évoqués qu'implicitement – encore une fois – les trois degrés du fréquentatif, qu'illustre précisément le système *curro, curso cursito*, par exemple chez Donat (*Mai.* 633, 13-14 H). Est-ce un effet de l'abrègement ? Le choix surprenant de *curso* comme point de départ signifie-t-il qu'on considère qu'une base ne développe par dérivation qu'un degré à chaque fois ? Ou *cursito* en association avec *curso* est-il perçu comme plus évocateur du caractère fréquentatif que *curso* avec *curro* ?

56.1. La réticence est d'ordre sémantique (l'ordre qu'on se donnerait à soi-même est-il autre chose qu'une figure ?), et non morphologique, puisque des formes que nous analysons comme des subjonctifs sont régulièrement admises – et ici encore – comme des impératifs : cf. pour les hésitations sur un impératif de la première personne, Diomède, *GL* I 348, 30 et 352, 6.

56.2. Il n'y a pas, pour la troisième personne du singulier, indifférence avec la deuxième personne, mais bien deux homophones : le critère pragmatique de la réception est décisif.

56.3. On privilégie ici une forme caractérisée comme un impératif : Donat, *Min.* 593, 24 H, et d'autres proposent un subjonctif présent (*scribant*) comme alternative à la forme en *-unto* dont le caractère secondaire et analogique a quelque chose d'artificiel.

57.1. Remarquable notation rappelant que la caractéristique propre du subjonctif, la dépendance syntaxique (ou plutôt, pour l'analyse ancienne, sémantico-logique), est éventuellement partagée par l'indicatif en structure conjonctive. Le fait que les deux modes aient la même distribution temporelle renforce cette identité.

58.1. Signe de la fragilité théorique de l'optatif, les divergences quant à ses temps et leur expression : ici, on affirme qu'il connaît présent, parfait, plus-que-parfait et futur. La rédaction est ici assez proche d'un courant représenté par Charisius (216, 11-13 B) ou Diomède (*GL* I 340, 13-15). Sacerdos (*GL* VI 436, 7 *sqq.*) admet les mêmes formes, mais ajoute la valeur d'imparfait à l'optatif dit ici présent. Donat (*Min.* 593, 5-29 H), Consentius (*GL* V 375, 3-6) ou Priscien (*GL* II 407, etc.), eux, ne connaissent que trois formes, respectivement un présent / imparfait (comme Charisius et Diomède), un parfait / plus-que-parfait et un futur. L'auteur des *Regulae* (*GL* V 510, 14 *sqq.* = 71, 11 *sqq.* Martorelli), plus radical, n'évoque pas même deux valeurs pour les trois temps signalés de l'optatif : présent, passé et futur.

58.2. Une objection plus globale sur la pertinence d'un optatif du passé était déjà rappelée, pour être rejetée à l'aide d'une citation virgilienne (présentant un irréel du passé), par Sacerdos (*GL* VI, 432, 25-27). On notera que l'optatif futur a l'expression la plus immédiate : par un présent du subjonctif. Le mode est décidément bâti autour de la conjonction.

59.1. Cet infinitif futur est la forme normale selon les grammairiens ! Donat *Min.* 594, 8 H ajoute cependant *lecturum esse*, forme dont Priscien (*GL* II 475, 18) précise qu'elle est celle des *antiquissimi*.

59.2. Le *modus participalis* englobe des formes que les Grecs traduiraient par l'infinitif précédé de l'article sous une appellation que justifie leur ressemblance avec les participes passifs, respectivement futur et passé. Charisius, 225, 17-21 B se fait écho de la difficulté de classement concernant ces formes.

60.1. Le déponent et le commun en ont davantage : cf. § 68. Le passage de la présentation de la *pars orationis* à la conjugaison complète nous vaut une anticipation de ce qui devrait être dit normalement quand on aborde le participe. On voit par là que cette grammaire a une visée pratique.

61.1. Ces noms sont intégrés à la conjugaison complète que présente, par exemple Charisius, lib. II, X (216, 5 *sqq.* B) : cf. § 81. Plus rare que la forme courante *uerbalia*, de même sens, le dérivé *uerbialia* est en usage chez certains commentateurs de Donat : Clédonius, Pompée ou le pseudo-Sergius. Il paraît motivé par un autre dérivé de *uerbum* : *aduerbium*...

61.2. Que *scriptor* puisse aussi être de genre neutre est cohérent avec le § 14. Quant à *scriptrix*, son existence est pour nous toute théorique.

61.3. Le critère d'*asperitas* (ou l'*euphonia*, son complément positif) est invoqué pour justifier l'usage autorisé (*auctoritas*) ou non (*consuetudo*) : *propter sonos* écrit ainsi Probus-Palladius, *GL* IV 91, 25 (cf. notes 5.3 et 14.2) pour justifier le fait que *auctor* est aussi féminin, c'est-à-dire qu'on ne rencontrera pas de **auctrix*. Le féminin *tonstrix*, exemple de Plaute (*Rud.* 405, 772, 856) connu des grammairiens, implique un neutre pluriel *tonstricia* qu'on trouve bien chez Probus-Palladius, *ibid.*

62.1. Les formes à désinence alternative *-re* de *-ris* sont négligées, ici et plus bas. La variante *-re* est ainsi réservée pour l'impératif présent, dans un souci d'éviter les formes ambivalentes.

62.2. Les séries « antérieures », admises par les grammairiens, traduisent le parfait grec ; elles correspondent aussi (surtout ?) à un usage quotidien dont les langues romanes gardent la trace dans leurs temps composés.

63.1. L'impératif en *-ntor* est évidemment analogique de l'actif : cf. G. Meiser, *Historische Laut- und Formenlehre der lateinischen Sprache*, Darmstadt, 1998, p. 143, 3. La forme en *-minor* est une construction de grammairiens (cf. Donat, *Min.* 594, 28 H) sur la très rare désinence *-mino* (Plaute, *Ps.* 859, etc. ; pour des verbes déponents), dont la personne est elle-même mal assurée : 3e du singulier pour Diomède, *GL* I 356, 26, mais du pluriel pour Sacerdos, *GL* VI 436, 7 ! (cf. P. Flobert, *Les verbes déponents des origines à Charlemagne*, Paris, 1975, p. 439-440). A l'occasion de la description de ces formes très théoriques, les grammairiens laissent libre cours à leur goût pour l'esprit de système.

64.1. Le subjonctif futur en est une analyse classique. On notera le décalage modal qui fait de *fuero*, subjonctif futur de *sum*, l'*ulterior* de l'indicatif futur *ero* (comme chez Donat, *Min.* 595, 17 H), décalage assumé qui aura une conséquence plus loin (cf. § 74).

67.1. La forme en *-ndus* est un participe futur passif dans l'analyse grammaticale classique (cf. Donat, *Min.* 595, 22 H, etc.), qui suit en cela un usage littéraire postclassique.

68.1. L'ambiguïté fondamentale des verbes communs est levée avec leurs participes, qui respectent la diathèse inhérente à leur forme. L'existence de deux participes futurs, actif et passif, permet de soutenir le classement comme verbe *commune*, c'est-à-dire possédant les deux diathèses.

69.1. Les verbes *odi*, *noui* et *memini* (*pepigi* et *coepi* leur sont plus rarement associés) sont donc résolument présentés comme des présents, tout anomaux et défectifs qu'ils soient. Nous sont épargnés – peut-être à la suite de l'abrègement du texte – les développements sur la valeur de ces formes : de fait, certains grammairiens (par exemple, Charisius, 337, 15 *sqq.* B) restaient attachés à la lecture morphologique, et voyaient dans *odi* un présent *et* un parfait, dans *oderam* un imparfait *et* un plus-que-parfait, etc. L'usage seul a ici été pris en compte, pour les paradigmes les plus fréquents, mais cette position n'est pas tenue jusqu'au bout : cf. les deux notes suivantes.

69.2. Ce qui revient à dire que *odissem*, cité plus bas, n'est pas un subjonctif imparfait, mais seulement un optatif (plus-que-parfait). Il y a là sans doute la trace d'une réticence à prendre pour un imparfait une forme en *-isse-*.

69.3. L'optatif, comme plus bas l'infinitif, n'est pas caractérisé comme présent, mais comme passé, et sans *species* précise, c'est-à-dire *a priori* avec les deux possibles pour l'optatif : parfait et plus-que-parfait, puisque justement la *species imperfecta*, attendue ici, n'est pas admise dans cette grammaire ! Cela confirme la gêne éprouvée à considérer tout uniment comme des présents les verbes en *-i*.

69.4. Cette forme d'infinitif futur figure dans les *Explanationes* II (*GL* IV 549, 20 et 555, 35). L'existence et la diathèse de formes participiales, d'où des infinitifs, sur la base *os-* est une question débattue parmi les grammairiens : si Sacerdos admet un *osus* participe passé (*GL* VI 431, 4), que Charisius (337, 20 *sqq*. B) tient pour un passif, Servius (*GL* IV 440, 35) prétend que ce participe n'est pas *in usu*, et Clédonius (*GL* V 71, 24) que son existence contrevient à l'usage cicéronien. Priscien, *GL* II 560, 16 *sqq*., va chercher des formes plautinienne pour défendre *osus* passé actif – et même *osor* (!) – qu'on peut aussi prendre pour un présent.

69.5. On voit bien ici que la diathèse passive est spontanément associée au passé, d'où sa formulation en termes de temps.

69.6. Le raisonnement est forcé : les verbes neutres ignorent sans doute le passif, mais c'est surtout parce que le tour passif, impossible, révèle leur intransitivité (cf. Charisius, 211, 1-3 B ; d'après Cominien ?). Ayant affaire à des défectifs transitifs, notre grammairien a beau jeu de proposer que ces autres *neutra*, sur le plan morphologique cette fois (ils ne finissent ni en *-o* ni en *-or*), soient tenus pour des actifs.

70.1. Malgré l'autorité de Virgile, *En.* VI 851, l'impératif *memento* n'est pas fréquemment admis (Charisius, 338, 18 B ; Probus-Palladius, *GL* IV 181, 10), et son pluriel, absent ici, est plus rare encore (seulement chez Charisius, *ibid.*, et Diomède, *GL* I 358, 23).

70.2. Il nous paraît possible de deviner à peu près ce qui a disparu dans une lacune partiellement et mal comblée. Diomède (*GL* I 358, 30 *sqq.* ; moins précis, *Explan.* II, *GL* IV 554, 11) signale en effet à propos de ces verbes défectifs qu'à défaut d'impératif propre, on peut utiliser une périphrase avec *fac* et le subjonctif parfait / subjonctif futur. Le *Fragmentum Bobiense de uerbo « Ad Seuerianum »*, 60, 7-8 Passalacqua, propose ainsi une conjugaison complète à cinq formes, exploitant l'impératif *fac* et le subjonctif présent de *facio* pour le suppléer. Sur ce modèle, le texte perdu pourrait être reconstitué ainsi : « *<- alia> tam<en postulauerunt> qu<id>am <ex*

subiunctiuo futuro> et <specie perfecta> praeteriti temporis <addito fac *uerbo, ut* fac memineris>, faciat meminerit ». Lors d'une tentative de reprise, on aurait secondairement intercalé un *quod est* devant *meminerit*, par imitation de la portion de texte « *facit quod est* memento », qui précède.

70.3. Le participe *menenturus* n'est pas connu en dehors de ce passage : c'est à l'évidence une construction analogique – ne respectant pas les *connexiones* citées plus loin, § 79 et 81 ! – sur *memento*, d'après le rapport *amato / amaturus*. Quand les grammairiens accordent un participe à ce verbe – mais tous ne le font pas : cf. Donat, *Mai.* 645, 6 H –, c'est un *meminens* présent ou passé (cf. Priscien, *GL* II 560, 22 *sqq.*, citation de Laevius à l'appui, ou Servius, *GL* IV 441, 3 invoquant Plaute) ; Clédonius enfin (*GL* V 71, 28) rejette un *meminitus* dont on ne peut évaluer la réalité.

71.1. Le problème est que *notus* est un passif, quand *osus* était seulement actif. Avec la mise en situation que permet le pronom complément *illi / illum*, on dispose d'un critère sinon syntaxique, du moins combinatoire pour justifier une différence sémantique. Les exemples illustrent passif impersonnel et passif « vrai » ; donc ce « neutre » serait en fait un actif défectif...

74.1. Contrairement à l'enseignement traditionnel – du moins tel que nous l'apercevons grâce à Diomède, *GL* I 360, 11 et au *Fragmentum Bobiense de uerbo « ad Seuerianum »*, 56, 12 Passalaqua –, mais en parfaite conformité avec son enseignement sur le passif, notre auteur propose un futur redoublé ! On attendrait le seul *cum fuero*, et *ero* est déjà l'indicatif futur. Cette improbable polyvalence de *ero* avait sans doute fait reculer les grammairiens, mais on remarquera que l'identité entre indicatif futur et subjonctif (présent) est la norme à la première personne des troisième et quatrième conjugaisons...

76.1. Qui sont les *docti quidam* ? Si aucun gérondif de *sum* n'est autrement connu, on attendrait néanmoins ici un participe *ens*, connu depuis Quintilien (VIII 3, 33), mais signalé par

Priscien (*GL* III, 239, 7-8) chez César (cf. A. Garcea, *Caesar's* De analogia, Oxford, 2012, p. 245 *sqq.*), et fréquent seulement chez Boèce, *Porph.* 2, 3, 7, etc. Plutôt que ce mot, qui ne sert qu'à rendre le grec ὄν (cf. Marius Victorinus, *Explanationes in Ciceronis Rhetoricam*, Cl 1544, I, 28, p. 130, l. 124), c'est en fait des dérivés rétrogrades d'*essentia*, en usage depuis longtemps (Sénèque, *Ep.* 58, 6 le prête à Cicéron), qui complètent ici la conjugaison. Dans *La Cité de Dieu* (XII 2), selon un rapport proportionnel mettant en jeu *sapere*, *sapientia* et *esse*, Augustin avance *essentia* de la manière suivante : *nouo nomine quo usi ueteres non sunt Latini sermonis auctores, se diam nostri temporis usitato*. Ce même rapport lui permet de produire *essens* (qu'on trouve aussi dans *Loc. hept.* III 32, et plus tard chez Boèce) ainsi que le gérondif, signalé ici, mais utilisé à deux reprises par le même Augustin (*Mor. Manich.* II 4, 6 et *Quaest. Simpl. LXXXIII* 21) dans la même locution *essendi causa*, à chaque fois accompagnée d'une modalisation *ut ita dicam* prouvant que l'auteur a conscience de la nouveauté de l'expression. Ailleurs (*Mor. Manich.* II 2, 2), le même Augustin parle d'*essentia* comme d'un *nouo nomine*, preuve que la tête de dérivation était tout juste réactivée. Sur ce passage précis et ses implication philosophiques, cf. E. Bermon, « Grammaire et métaphysique : à propos des formes *essendi*, *essendo*, *essendum* et *essens* dans l'*Ars grammatica breuiata* de saint Augustin (IV, 31 Weber = § 76 Bonnet) », in I. Bochet (éd.), *Augustin philosophe et prédicateur. Hommage à Goulven Madec*, Actes du colloque international organisé à Pais les 8 et 9 septembre 2011, Paris, Institut d'Études Augustiniennes [Collection des études augustiniennes, *série Antiquité* 195], 2012, p. 185-194.

77.1. Quelle réalité a cet impératif ? En matière de composés du verbe *sum*, Tibulle a deux fois *ades* (I 7, 49 et II 1, 35). Diomède, *GL* I 360, 20-22 ne donne, en dehors de formes supplétives du subjonctif, que le pluriel *poteste* pour le présent, *potesto*, *potestote* et *possunto* pour le futur

77.2. C'est l'opinion ferme de Donat, *Mai.* 617, 6 H, entre autres. L'argument est que *potens* connaît des degrés de comparaison, caractéristique nominale inconnue du participe. La traduction grecque par δυνατός et non δυνάμενος (cf. Diomède, *GL* I 360, 25-27), confirme le caractère nominal de *potens*. Par ailleurs, on attend, ajoute l'auteur, d'un verbe « similaire » à *sum* un participe seulement au futur.

78.1. Les formes énumérées sont celles qui ressortissent aux thèmes de *perfectum* et de participe. A nouveau (cf. *supra*, note 52.1), l'auteur délaisse le problème de la prédictibilité des thèmes verbaux de *perfectum* à partir de l'*infectum*, vaste problème qui entraîne Diomède, par exemple, dans un long développement (*GL* I, à partir de 364, 9).

78.2. L'idée du procédé mnémotechnique évoquant nos « temps premiers » est unique dans la grammaire latine. Des trois *connexiones*, une est technique et procède des faits ordonnés par le grammairien, et les deux autres sont les fruits de la mise en œuvre du langage, au gré de l'association au thème d'*infectum* des thèmes de *perfectum* et de supin / participe passé (cf. note préc.). Sur l'origine possiblement varronienne des *connexiones*, cf. R. Oniga, « La teoria delle *conexiones* nella grammatica agostiniana e la sua origine in Varrone », in *Augustinianum* 47, 2007, p. 171-178.

80.1. On notera l'absence du subjonctif futur (*clamauero*, etc.), qui s'intercale il est vrai entre deux formes identiques en *-erim* (subjonctif et optatif parfaits), et propose un paradigme identique (à la quantité vocalique finale près) à cinq de leurs six formes ! Cet oubli répété ne nous autorise pas à y voir un lapsus de copiste plutôt qu'une distraction de l'auteur ou de l'abréviateur.

80.2. L'énumération par ordre alphabétique des combinaisons possibles [w + V] n'est pas pertinente pour les radicaux de parfait, concernés uniquement par l'éventuel allègement des séquences [wi] et [we]. En fait, nous avons là la trace d'un propos non restreint aux seuls parfaits ; plus systématique, donc, on le trouve précisément dans un passage du *De Dialectica* (VI : p. 11, 14-18 Crecelius = p. 98 Jackson-Pinborg) : *Nemo abnuit syllabas in quibus* u *littera obtinent consonantis ut sunt in his uerbis primae* uafer, uelum, uinum, uomis, uulnus *crassum et quasi ualidum sonum edere. Quod approbat etiam loquendi consuetudo, cum de quibusdam uerbis eas subtrahimus, ne onerent aurem. Nam unde est quod* amasti *dicimus libentius quam* amauisti, *et* abiit, *non* abiuit *et in hunc modum innumerabilia*... Comme le remarque V. Law dans « St Augustine's *De grammatica* : Lost or Found ? », in *Recherches augustiniennes* 19, 1984 [155-183], p. 171), la proximité des remarques figurant dans deux ouvrages envisagés à la même époque, est un indice important de la paternité de la grammaire (comme aussi, pourrait-on avancer, du traité de dialectique).

De Aduerbio

83.1. La définition n'en est pas une : reposant, ce qui est classique, sur l'étymologie transparente du mot, elle introduit surtout une norme syntactique. Tout se passe comme si l'auteur ne voulait pas poser le lien sémantique qu'on se complaît à établir avec le verbe, dont l'adverbe est supposé clarifier (*explanare*) et compléter (*implere*) le sens (cf. Donat, *Mai.* 640, 2-3 H).

83.2. On notera l'absence, dans cette reprise, de *loco*, ablatif nominal traité plus haut comme un adverbe : cette légère incohérence résulte-t-elle de l'élimination d'une réflexion sur les *nomina* pris adverbialement (cf. Priscien, *GL* III 36, 21 *sqq.*), et plus généralement sur les ambiguïtés de classement des adverbes (cf. Donat, *Mai.* 643, 4-8 H) ?

83.3. Parmi les accidents, la signification est celui que l'on développe le plus, car il permet de mettre de l'ordre dans la masse des adverbes ; de cette prééminence reste dans ce résumé la première place qui lui est donnée.

84.1. Cet adverbe tardif se trouve particulièrement associé au verbe *peccare* : cf. 1 Esr 9, 7, ou encore Augustin, *C Iul. op. imperf.* VI 5, 4...

84.2. L'extension du classement selon la valeur déictique (cf. § 23) aux adverbes de manière, et non seulement aux adverbes temporels et locaux est remarquable, comme le signale U. Pizzani, « Gli scritti grammaticali attribuiti a S. Agostino », in *Augustinianum* 25 [*Miscellanea di studi augustiniani in onore di P. Agostino Trapè*], 1985, (p. 361-383) p. 378, note 56 : *fortiter* correspond à la classe de *hic*, *quomodo* à celle de *quis*, *sic* à celle de *is*. On relèvera le bel exemple de télescopage entre deux sens d'un même terme, *qualitas*, employé dans ce second emploi avec une valeur technique identique à ce qu'on lit aux § 22 et 23.

84.3. Le locatif, identique formellement un génitif, ne lui est pas assimilé en raison de sa valeur, jugée irréductible à ce cas, d'où son analyse comme adverbe (cf. Charisius, 237, 10-13 B). Toutefois, la prégnance de la *significatio* locale des adverbes incite à étendre l'analyse comme adverbe des noms propres à toute forme casuelle employée comme complément de temps : Charisius, 241, 11-19 B, Donat, *Mai.* 643, 9-10 H, etc.

85.1. La remarque, originale, sur l'ambiguïté du comparatif en *-ius* figure aussi, ainsi que le note V. Law (« St Augustine's *De grammatica* : Lost or Found ? », in *Recherches augustiniennes* 19, 1984 [155-183], p. 172) dans le *De Dialectica* X (p. 19, 19-20 Crecelius = p. 118 Jackson-Pinborg, lesquels sont réservés sur l'authenticité du passage) : Doctius *aliud est cum dicimus* doctius mancipium, *aliud cum dicimus* doctius illo iste disputauit. C'est un nouvel indice (cf. *supra*, note 80.2) de l'identité de l'auteur avec Augustin, qui songeait alors au *De Dialectica*. Les exemples ici choisis, *fortis*, *castus* et *sanctius*, ont le parfum des vertus chrétiennes.

85.2. C'est un propos traditionnel que la répartition des deux grandes catégories d'adverbes immédiatement repérables comme tels. Les non moins traditionnelles exceptions (*falso*, *duriter*...) sont ici négligées, peut-être suite à l'altération du texte original. L'abrégement de la désinence de datif dans la forme adverbiale n'est pas non plus signalé, alors qu'il a pourtant pour effet – et comme signalement – la remontée de l'accent sur la syllabe précédant la désinence de datif. C'est que la quantité « naturelle » des syllabes tend alors à s'effacer, spécialement en Afrique (cf. Augustin, *Doctr. Christ.* IV 10, 24 : *Afrae aures de correptione uocalium uel productione non iudicant*), au profit d'une détermination selon l'accent : cf. J. N. Adams, *The Regional Diversification of Latin*, Cambridge, 2007, 260-265. Enfin, on ne sent pas, dans l'arrière-plan de notre texte, les contraintes d'une structure métrique.

86.1. Le rare mais cicéronien *insipienter* (*CM* 68), repris dans la Bible (cf. ThlL, *s.u.*), est unique dans la littérature grammaticale antique. Il sera repris plus tard par le Commentaire d'Einsideln des *Artes* de Donat comme exemple d'adverbe composé *ex integro et corrupto* (*GL Suppl.*, 213, 27 et 261, 9).

De Participio

87.1. De la définition traditionnelle n'est retenu que le minimum permettant de justifier le nom de la catégorie. Il faut dire aussi qu'à aller plus loin, on eût rencontré un problème de nomenclature, car du *nomen*, le participe tire aussi les *genera*, et du verbe, aussi des... *genera*. Le choix terminologique de *genus* pour la voix verbale (cf. § 48) rend difficile la mention de ces autres apports distincts, et ici homonymes. Les nombreux (six) accidents du participe, connus par ailleurs puisque relevant du verbe ou du nom, ne sont pas même signalés. Cette rapidité n'est pas sans évoquer Audax, *GL* VII 348, 32 *sqq.*, qui lui aussi les réduit aux cas et aux temps. En contraste avec elle, lui succède un exposé détaillé des confusions possibles auxquelles se prête cette *pars orationis* hybride.

88.1. Les manuscrits encadrent *color* de deux mots, *ueneror* et *coleris* (cf. apparat), qui sont manifestement des gloses destinées à lever l'ambiguïté de la forme verbale, qui évoque le substantif désignant la couleur.

88.2. Le critère de la *comparatio*, accident inconnu du participe, était implicite à propos de *potens* au § 77 : cf. note 77.2. Il pouvait être ici invoqué pour *sapiens* !

88.3. Position personnelle originale, qui fait jouer la *loquendi consuetudo* et l'*auctoritas* (en l'occurrence ici celle de Cicéron *Caecin.* 61) ! Dans la correspondance d'Augustin (*Ep*. 73, 10), on lit *armatior*... Avec cette réflexion intéressante sur le sentiment linguistique (*difficile*, *referas*, *adtendas*), on est loin de la théorie, et l'auteur est moins timide qu'avec *potens* (§ 77).

89.1. La figure est le moins remarquable des accidents, puisque commun à toutes les *partes orationis*, exceptée l'interjection : sa présence surprenante peut être l'indice d'un traitement systématique, disparu lors de la phase d'abrégement du texte.

De Coniunctione

90.1. Cette définition classique (cf. Donat, *Mai*. 646, 14 H) remonterait à Palémon, selon Diomède (*GL* I 415, 16-17, qui a cependant *conectens* et non *adnectens*).

90.2. Comme Donat, et pour les mêmes raisons évidentes d'importance, notre auteur traite d'abord de l'accident de la valeur. Les cinq catégories traditionnelles sont énumérées selon la même nomenclature et dans le même ordre que Diomède, *GL* I 415, 27-28, ou le manuscrit de Munich, Clm 6281, f. 62v, alors que Donat introduit les *rationales* avant les *causales*. Le refus de rentrer dans les détails du classement nous prive d'énumérations supposément exhaustives, d'où la présentation d'échantillons jugés indiscutables avant les catégories. On notera l'originalité revendiquée (c'est la première conjonction citée) de l'explétive *prorsus*, généralement considérée comme un adverbe (cf. Charisius, 248, 22 B, etc.). Quant à l'explétive *scilicet* et aux causales *enim* et *itaque*, Donat

(*Mai.* 647, 1-7 H) y voit plutôt des *rationales*, de même qu'il fait de *quin etiam* une causale. Les deux exemples virgiliens, associés malgré leur éloignement dans le poème, proviennent sans doute d'un répertoire classique.

90.3. Il est remarquable qu'après avoir renvoyé dos à dos les grammairiens et leurs querelles, notre texte propose d'observer l'usage des meilleurs (*auctoritate dignissimos*) auteurs, et surtout avoue l'incapacité, hors contexte, à classer telle conjonction, ce qui est justement attendu du professeur par ses élèves ! Nous avons là un précieux indice sur le cadre non scolaire dans lequel il inscrit sa grammaire.

91.1. Les deux autres accidents sont rapidement traités dans l'ordre adopté également par Donat. Il s'agit d'ajouts mineurs : la grande affaire, c'est la *potestas*.

De Praepositione

93.1. La définition, déjà complexe, introduit en outre le détail de la construction casuelle dans un souci bizarre de condensation.

93.2. Dans la liste des *praepositiones* seulement préfixées manquent *se* et *co(n)*. Le dédoublement de l'exemple illustrant le préverbe *di-* permet d'évoquer la répartition *di- / dis-* selon l'initiale du radical auquel ces préverbes s'associent. En donnant de même *ambio*, moins « lisible » qu'*amplector* par exemple, c'est la variation formelle terminale de ces éléments que met en évidence le rédacteur. Mais ces gloses (cf. G. Bonnet, « Enseignement oral et *artes grammaticae* », 13e Colloque international de linguistique latine de Bruxelles, avril 2004, à paraître chez Peeters, dans la collection Bibliothèque d'études classiques) ont-elles jamais été rédigées ? Ou ont-elles été supprimées lors de l'abrègement ?

93.3. V. Law (« The Mnemonic Structure of Ancient Grammatical Doctrine » in P. Swiggers et A. Wouters éd., *Ancient Grammar : Content and Context*, Leuven / Paris, 1996, p. 37-52) écrit au sujet de l'ordre alphabétique (p. 44) qu'il est rare dans les grammaires, et que le présent texte est seul, avec Donat et Dosithée, à l'utiliser dans une liste de prépositions. En fait, il n'est parfaitement suivi dans aucune des listes de prépositions.

94.1. Ces exemples sont composés à l'aide d'un matériel lexical traditionnellement rassemblé à cet effet : on retrouve ainsi, par exemple, *usque Romam* dans le manuscrit de Munich clm 6281, 62r, qui a *circum portum* et non *circum murum*, etc. Notons la référence chrétienne implicite de *propter salutem* au Symbole de Nicée-Constantinople.

95.1. Les exemples impliquent un commentaire sur les emplois respectifs de *a* et *ab*, *e* et *ex* : cf. *supra*, note 93.2. L'exemple *de domo* figure aussi dans manuscrit de Munich, Clm 6281, f. 62r.

95.2. Par un effet de simplification, on ne saura rien de la postposition de *tenus*, que les grammairiens ne manquent pourtant pas de rapporter (cf. Donat, *Mai.* 650, 1-2 et encore 652, 2 H).

96.1. On notera le pittoresque des exemples, qui peut évoquer des situations concrètes pour les lecteurs : ainsi *super arborem saliunt*, les chèvres grimpant pour y brouter dans les branches de l'arganier (*Argania spinosa*), arbre typique de la flore africaine. Là encore, on comparera le manuscrit de Munich, Clm 6281, f. 62r.

96.2. Restriction classique, et toujours accompagnée de cet exemple classique (*Aen.* I 750) qui en justifie la présence dans le discours grammatical.

De Interiectione

97.1. Le traitement de l'interjection, classique, est spécialement rapide : silence sur les accents de cette catégorie extensible, accents qui *certi esse non possunt* (Donat, *Mai.* 652, 12 H), silence aussi sur la possibilité, souvent évoquée, d'employer d'autres parties du discours (noms comme *nefas*, prépositions, comme *pro*, etc.). Qu'on ait ici affaire ou non à une version abrégée du texte initial, la différence est nette avec le Pseudo-Augustin des *Regulae*, qui refuse aux interjections le statut de *pars orationis* (*GL* V, 524, 9-10 = 141, 10 Martorelli).

97.2. La présence du participe *exprimens* qui vient augmenter la définition traditionnelle (cf. Diomède, *GL* I 419, 2 ; Munich, Clm 6281, f. 62v, etc.) révèle l'influence de Donat, lequel écrit (*Mai.* 652, 5-6 H) que l'interjection existe *ad exprimendos animi affectus*. V. Law, dans « St Augustine's *De grammatica* : Lost or Found ? », in *Recherches augustiniennes* 19, 1984 [155-183], p. 169, note la proximité avec la définition figurant dans le premier livre du traité augustinien *De Sermone Domini in monte* (IX 23) ; spécialement, on y trouve le même régime du verbe : *animi motum exprimentem*...

De Soloecismo

98.1. L'association du solécisme avec le barbarisme (§ 96-98), traditionnelle, est annoncée par l'affirmation que dans le cas du solécisme, les formes sont *Latinas quidem.* Donat présente le barbarisme avant le solécisme, en vertu d'une progression pédagogique évidente. L'ordre choisi ici révèle un tout autre souci : avec le solécisme, c'est la notion de *combinaison* qui est mise en évidence, induisant celle d'adéquation, puisqu'on est bien dans un registre normatif, et finalement celle d'une triple articulation du langage. Trois défauts vont être successivement abordés, selon qu'ils se situent au niveau syntaxique, notionnel ou enfin « performatif ». La forte construction des deux chapitres sur le solécisme et sur le barbarisme est un critère d'authenticité : cf. notre introduction.

98.2. Le même exemple figure aussi dans le *De Doctrina Christiana* II 13, d'Augustin...

98.3. N'est envisagée ici que la faute de cas, mais les artigraphes ont classifié bien d'autres types que le solécisme *per casus* : cf. Pseudo-Marius Victorinus, *De Soloecismo et barbarismo*, éd. Niedermann. Par ailleurs, est ici tue significativement la différence de jugement avec les textes poétiques, où le solécisme est appelé *schema* (Donat, *Mai.* 658, 3 H) : l'ambition est plus haute.

99.1. Cette « rallonge » sur l'impropriété n'était pas attendue. Cependant, l'acyrologie est un défaut (le premier signalé par Donat dans le *De ceteris uitiis* qui suit les chapitres de l'*Ars maior* consacrés au barbarisme puis au solécisme) qui peut certes être confondu avec l'emploi fautif d'un mot pour un autre – par exemple *intus eo* au lieu de *intro eo*, solécisme *per aduerbia* selon Donat, *Mai.* 657, 11 H – mais l'inadéquation, plus haut d'ordre syntaxique, est ici notionnelle. Notons que l'exposé utilise le procédé pédagogique de la *differentia* qui organise en opposition les développements successifs sur solécisme et impropriété (§ 97 / 98), mais plus loin aussi ceux sur barbarisme et mot barbare (§ 99-100 / 101). Le terme grec est exceptionnellement signalé.

De Barbarismo

100.1. Le barbarisme représente une inadéquation (cf. les deux notes précédentes) dans la production, orale ou écrite, d'un mot prototypique. La présentation complexe livre dans un certain désordre ce qui sera finalement résumé selon les deux axes de la grille scolaire traditionnelle, qui inclut les modes (ajout, suppression, remplacement et interversion) et les points d'application du barbarisme (aspiration, quantités vocaliques, lettres, syllabes et accents). L'importance ici donnée à l'aspiration et à l'accent, que Donat évoque rapidement (*Mai.* 654, 7-12 H) après les autres points, laisse entrevoir – au-delà de la valeur symbolique attachée à la production vocale dans la théorie des trois niveaux d'articulation du langage –, un intérêt pour l'orthoépie, donc la langue courante : on retrouve cet intérêt dans le propos des deux chapitres suivants.

100.2. On peut s'interroger sur l'orthoépie d'une prononciation de *homo* avec aspiration, alors que l'aspirée n'est largement plus qu'orthographique dans le monde latin. A ce sujet, Donat est un peu gêné (*Mai.* 654, 10-12 H) : *totidem modis* [ajout, suppression, remplacement et interversion] *etiam per adspirationem deprehenditur barbarismus, quem quidam scripto, quidam pronuntiationi iudicant adscribendum, propter h scilicet, quam alii litteram, alii adspirationis notam putant.* Cette gêne est celle de l'école confrontée à l'usage courant, mais l'aveu que le barbarisme est aussi graphique (cf. *Mai.* 653, 5 H) est absent de notre texte : effet de résumé ? Les *Confessions* I 18, 29 signalent aussi la prononciation de *homo* sans aspiration initiale – relevée par V. Law, « St Augustine's *De grammatica* : Lost or Found ? », in *Recherches augustiniennes* 19, 1984 [155-183], p. 170 –, mais c'est pour mieux souligner la vanité des préoccupations formelles, quand on peut bien prononcer le mot, mais haïr les hommes...

101.1. Le rôle de l'*auctoritas* est réaffirmé, mais celle-ci déborde le cadre du *bonus auctor*, Virgile ou Cicéron, pour s'étendre aux contemporains et à leur conversation (*sermo doctorum*). Notre grammairien propose à ses lecteurs un modèle correct encore vivant.

102.1. Sur la fausse symétrie produite par ce second distinguo après l'exposé des trois niveaux où l'on peut localiser l'inadéquation (syntaxique, notionnel, « performatif »), on se reportera à l'introduction. Nous ne trouverons pas ici le terme technique d'origine grecque *barbarolexis*, alors même qu'il est consacré dans la grammaire latine, et que plus haut, on laissait passer le terme d'*acyrologia*.

102.2. Le mot dit punique est maltraité par les manuscrits, d'où une incertitude sur sa forme et son sens. Les manuscrits sont tout aussi hésitants sur son équivalent latin, mais la vraisemblance conduit à privilégier un exemple concret : *carice* de P et V (« carex », « laîche ») plutôt que *carie* (« pourriture ») de B. Pour le mot punique, incompréhensible, Weber consignait dans l'apparat de son édition une conjecture *debbas* à mettre en rapport avec *debbûs*, élément du nom arabe du *Cyperus fastigiatus.* U. Pizzani, dans « Proposta di recupero di una glossa punica nell'*Ars breuiata* attribuita a s. Agostino », in *Atti del primo congresso internazionale di studi punici e fenici*, Rome, 1983, p. 897-902, fait le tour des propositions avancées pour retenir deux restitutions : *carice* pour le latin, et en punique *dablan*, nom paraissant désigner, chez Pline (*N.H.* XIII 34), une sorte de palmier-dattier. Nous proposons ici une double modification textuelle destinée à fournir une paire latin-punique de synonymes plus acceptables, et lisons *carica* « figue sèche » [de Carie], d'une part, nom d'une spécialité alimentaire africaine (c'est la *carica Afra*), et d'autre part *bdellas*, nom de la gomme de *Commiphora mukul* Engl. Ainsi s'établit une double référence crédible, pensons-nous, à un aliment végétal *que l'on mâche*. Sur les végétaux ici impliqués, cf. J. André, *Lexique des termes de botanique en latin*, Paris, 1956, *s.uu.*

103.1. Sur le propos de cet ajout à la grammaire, on se reportera à l'introduction. L'ordre structurant ces *idiomata casuum* – particularités idiomatiques concernant l'emploi des cas – est la succession casuelle après le nominatif dans la déclinaison. La personne qui a pris l'initiative de l'ajout s'est efforcée de distinguer constructions adverbales et adnominales (cf. Consentius, *GL* V 385, 1 *sqq.*), sans toutefois parvenir complètement à isoler et présenter ces dernières de manière cohérente : *ignarus malorum* reste avec les verbes requérant un complément au génitif, tandis que les autres syntagmes non verbaux viennent après l'accusatif adverbal ; le datif adnominal, comme oublié, est ajouté à la fin ; l'ablatif n'est qu'esquissé, et par l'effet d'une transformation partielle (cf. *infra* note 103.7).

103.2. Liste identique à celle des *Explanationes* II (*GL* IV, 556, 8-11), à ceci près que *memini lectionis* y remplace un plat *memini rerum*, et que *piget gratiae* suit ici *pudet facti*, au lieu d'être après *taedet operis*. L'ordre de succession des quatre impersonnels en *-t* permet, comme la série des datifs adnominaux (cf. *infra* note 103.8), de reconstituer le schéma d'exploitation de ces *idiomata*, qui implique, outre la présente grammaire et les *Explanationes* II, l'*Appendix Probi* 2 (*GL* IV 196, 16 *sqq.*), Diomède (*De consensu uerborum cum casibus*, *GL* 310, 30 *sqq.*) et les *idiomata* ajoutés à la grammaire de Dosithée (*GL* VII 424, 17 *sqq.*).

103.3. La liste paraît abrégée par rapport à ce qu'on lit dans les *Explanationes* II (*GL* IV 556, 11-15) : deux syntagmes peut-être omis, deux autres condensés (*neglegens* [*amicorum, studiosus*] *picturae*). Cependant, même ajout de *cupidus honoris* que Diomède, *GL* I 312, 6.

103.4. A nouveau, grande proximité avec les *Explanationes* II (*GL* IV 556, 16-18). On notera le verbe *indico*, très rare dans les *idiomata*, tout comme est peu fréquente sa construction sans accusatif : Cic. *Flac.* 92. Il se substitue à *mando* (cf. *Explanationes* II, *GL* IV 556, 16), mais il est difficile d'invoquer ici une erreur de lecture.

103.5. Les deux exemples, à l'origine scolaire très affirmée, figurent chez Diomède (*GL* I 311, 1) et les *idiomata* de Bobbio (*GL* VII 426, 6-7). On trouve des variantes chez Probus-Palladius (*Instituta artium*, *GL* IV 47, 5), dans l'*Appendix Probi* II (*GL* IV 196, 35), et l'*Ars* de Priscien (*GL* II 441, 1 ; *GL* III 203, 3 et 210, 21).

103.6. Le syntagme *fruor fratre*, inconnu ailleurs, paraît être un indice de contexte monacal ; quant à *cedo possessione*, qui figure aussi chez Diomède (*GL* I 316, 3), c'est un tour cicéronien : *Mil.* 75. On relèvera la série synonymique (pour autant que nous sachions, aucune *differentia* n'est traditionnellement attachée à ses verbes) *priuor* / *egeo* / *careo*. Dans une première liste d'*idiomata* des *Explanationes* II (*GL* IV, 553, 23-25), ces verbes ne se suivent pas ainsi.

103.7. Comme dans l'*Appendix Probi* II (*GL* IV 197, 4), les deux syntagmes ont été intentionnellement modifiés pour créer une série d'ablatifs adnominaux (mais *dignatus* est un participe !) : c'est respectivement *donor* et *dignor* que l'on trouve dans les *Explanationes* II (*GL* IV 556, 32) ou chez Diomède (*GL* I 316, 5 et 8).

103.8. Par comparaison avec les textes voisins, on peut se faire une idée du processus d'élaboration de la présente liste de *nomina* voulant un régime au datif. Une première liste, dont témoignent les anonymes *Explanationes* II (*GL* IV 556, 19-21) comporte neuf syntagmes : *intentus studiis, inimicus uirtuti, oboediens patri, inuidus bono, maliuolus studenti, proximus uiae, habilis uirtuti, utilis scenae, aptus industriae*. Une version en sort, augmentée du littéraire *dicto audiens* (cf. note suivante), lequel inverse l'ordre support-régime. Diomède l'utilise (314, 9-11) en supprimant *oboediens*, interprété comme un doublon de *audiens* et en décalant les régimes, alors attachés aux supports qui les suivent ; il supprime enfin le dernier régime, devenu inutile. En rejoignant l'*Ars* de Dosithée (*GL* VII 425, 6-8), le texte s'allège de deux syntagmes, et remplace un régime qui apparaissait deux fois, tandis que dans notre version, il perd encore un syntagme, le copiste lit mal un régime (cf. note 103.10) et intervertit l'ordre des deux éléments du dernier syntagme.

103.9. Syntagme courant de la littérature classique (Cicéron *Verr.* I 88, II.IV 28 et II.V 85, etc.) dont l'ordre originel est régime-participe ; l'inversion vise ici à la normaliser dans le cadre des *idiomata* : non respectée, la citation n'est sans doute pas reconnue.

103.10. Le texte des séries comparables porte le plus correct *inuidus* : il s'agit sans doute encore d'une erreur de lecture.

INDICES

Index textuum memoratorum

Index auctorum memoratorum

Index rerum notabilium

Index operum et auctorum prisci temporis in commentariis memoratorum

Index operum et auctorum nostri temporis in commentariis memoratorum

TABLE DES MATIÈRES

COLLECTION DES UNIVERSITÉS DE FRANCE

OUVRAGES PARUS

Série grecque

dirigée par Jacques Jouanna
de l'Institut
professeur émérite à l'Université de Paris Sorbonne

Règles et recommandations pour les éditions critiques (grec). (1 vol.).

ACHILLE TATIUS.
Le Roman de Leucippé et Clitophon. (1 vol.).

AELIUS ARISTIDE (Pseudo-)
Arts rhétoriques. (2 vol.).

AELIUS THÉON.
Progymnasmata. (1 vol.).

ALCÉE.
Fragments. (2 vol.).

LES ALCHIMISTES GRECS.
(4 vol. parus).

ALCINOOS.
Les Doctrines de Platon. (1 vol.).

ALEXANDRE D'APHRODISE.
Sur la mixtion et la croissance (1 vol.).
Traité du destin. (1 vol.).

ANDOCIDE.
Discours. (1 vol.).

ANONYME DE SÉGUIER.
Art du discours politique. (1 vol.).

ANTHOLOGIE GRECQUE.
(12 vol. parus).

ANTIGONE DE CARYSTE.
Fragments. (1 vol.).

ANTIPHON.
Discours. (1 vol.).

ANTONINUS LIBERALIS.
Métamorphoses. (1 vol.).

APHTHONIOS.
Corpus Rhet. I. Progymnasmata.

APOLLODORE DE PERGAME
THÉODORE DE GADARA
Fragments et témoignages

APOLLONIOS DE RHODES.
Argonautiques. (3 vol.).

APPIEN.
Histoire romaine. (9 vol. parus).

APSINÈS.
Art rhétorique. (1 vol.).

ARATOS.
Phénomènes. (2 vol.).

ARCHILOQUE.
Fragments. (1 vol.).

ARCHIMÈDE. (4 vol.).

ARGONAUTIQUES ORPHIQUES. (1 vol.).

ARISTÉNÈTE. (1 vol.).

ARISTOPHANE. (5 vol.).

ARISTOTE.
De l'âme. (1 vol.).
Catégories. (1 vol.).
Constitution d'Athènes. (1 vol.).
Du ciel. (1 vol.).
Économique. (1 vol.).
Génération des animaux. (1 vol.).
De la génération et la corruption. N[lle] éd. (1 vol.).
Histoire des animaux. (3 vol.).
Marche des animaux - Mouvement des animaux. (1 vol.).

Météorologiques. (2 vol.).
Parties des animaux. (1 vol.).
Petits traités d'histoire naturelle. (1 vol.).
Physique. (2 vol.).
Poétique. (1 vol.).
Politique. (5 vol.).
Problèmes. (3 vol.).
Rhétorique. (3 vol.).
Topiques. (2 vol.).

ARISTOTE (Pseudo-).
Rhétorique à Alexandre. (1 vol.).

ARRIEN.
L'Inde. (1 vol.).
Périple du Pont-Euxin. (1 vol.).

ASCLÉPIODOTE.
Traité de tactique. (1 vol.).

ATHÉNÉE.
Les Deipnosophistes. (1 vol. paru).

ATTICUS.
Fragments. (1 vol.).

AUTOLYCOS DE PITANE.
Levers et couchers héliaques. - La sphère en mouvement. - Testimonia. (1 vol.).

BACCHYLIDE.
Dithyrambes. Épinicies. Fragments. (1 vol.).

BASILE (Saint).
Aux jeunes gens. Sur la manière de tirer profit des lettres helléniques. (1 vol.).
Correspondance. (3 vol.).

BUCOLIQUES GRECS.
Théocrite. (1 vol.).
Pseudo-Théocrite, Moschos, Bion. (1 vol.).

CALLIMAQUE.
Hymnes. - Épigrammes. - Fragments choisis. (1 vol.).

LES CATOPTRICIENS GRECS.
Les Miroirs ardents. (1 vol. paru).

CHARITON.
Le Roman de Chaireas et Callirhoé. (1 vol.).

COLLOUTHOS.
L'Enlèvement d'Hélène. (1 vol.).

CORPUS RHETORICUM.
(5 vol. parus).

CTÉSIAS DE CNIDE.
La Perse. L'Inde. Autres fragments. (1 vol.).

DAMASCIUS.
Traité des premiers principes. (3 vol.).
Commentaire du *Parménide* de Platon. (4 vol.).
Commentaire sur le *Philèbe* de Platon. (1 vol.).

DÉMÉTRIOS.
Du style. (1 vol.).

DÉMOSTHÈNE.
Œuvres complètes. (13 vol.).

DENYS D'HALICARNASSE.
Opuscules rhétoriques. (5 vol.).
Antiquités romaines. (2 vol. parus).

DINARQUE.
Discours. (1 vol.).

DIODORE DE SICILE.
Bibliothèque historique. (12 vol. parus).

DION CASSIUS.
Histoire romaine. (5 vol. parus).

DION DE PRUSE.
Œuvres. (1 vol. paru).

DIOPHANTE.
Arithmétique. (2 vol. parus).

DU SUBLIME. (1 vol.).

ÉNÉE LE TACTICIEN.
Poliorcétique. (1 vol.).

ÉPICTÈTE.
Entretiens. (4 vol.).

ÉRATOSTHÈNE.
Catastérismes. (1 vol.).

ESCHINE.
Discours. (2 vol.).

ESCHYLE.
Tragédies. (2 vol.).

ÉSOPE.
Fables. (1 vol.).

EURIPIDE.
Tragédies (12 vol.).

FAVORINOS D'ARLES.
Œuvres (2 vol. parus).

GALIEN. (7 vol. parus).

GÉOGRAPHES GRECS. (1 vol. paru).

GÉMINOS.
Introduction aux phénomènes. (1 vol.).

GRÉGOIRE DE NAZIANZE (le Théologien) (saint).
Correspondance. (2 vol.).
Poèmes. (1 vol. paru).

HÉLIODORE.
Les Éthiopiques. (3 vol.).

HÉRACLITE.
Allégories d'Homère. (1 vol.).

HERMAGORAS.
Fragments et témoignages (1 vol.).

HERMÈS TRISMÉGISTE. (4 vol.).

HERMOGÈNE (Ps.).
Corpus Rhet. I. Progymnasmata.

HÉRODOTE.
Histoires. (11 vol.).

HÉRONDAS.
Mimes. (1 vol.).

HÉSIODE.
Théogonie. - Les Travaux et les Jours. - Bouclier. (1 vol.).

HIPPOCRATE. (13 vol. parus).

HOMÈRE.
L'Iliade. (4 vol.).
L'Odyssée. (3 vol.).
Hymnes. (1 vol.).

HYPÉRIDE.
Discours. (1 vol.).

ISÉE.
Discours. (1 vol.).

ISOCRATE.
Discours. (4 vol.).

JAMBLIQUE.
Les Mystères d'Égypte. (1 vol.).
Protreptique. (1 vol.).
Réponse à Porphyre. (1 vol.).

JEAN LE LYDIEN.
Des magistratures de l'État romain. (2 vol. parus).

JOSÈPHE (Flavius).
Autobiographie. (1 vol.).
Contre Apion. (1 vol.).
Guerre des Juifs. (3 vol. parus).

JULIEN (L'empereur).
Lettres. (2 vol.).
Discours. (2 vol.).

LAPIDAIRES GRECS.
Lapidaire orphique. - Kerygmes lapidaires d'Orphée. - Socrate et Denys. - Lapidaire nautique. - Damigéron. - Evax. (1 vol.).

LIBANIOS.
Discours. (3 vol. parus).

LONGIN. RUFUS.
Fragments. Art rhétorique. (1 vol.).

LONGUS.
Pastorales. (1 vol.).

LUCIEN. (4 vol. parus).

LYCOPHRON.
Alexandra (1 vol.).

LYCURGUE.
Contre Léocrate. (1 vol.).

LYSIAS.
Discours. (2 vol.).

MARC-AURÈLE.
Écrits pour lui-même. (1 vol. paru).

MARINUS.
Proclus ou sur le bonheur. (1 vol.).

MÉNANDRE. (5 vol. parus).

MUSÉE.
Héro et Léandre. (1 vol.).

NICANDRE.
Œuvres. (2 vol. parus).

NONNOS DE PANOPOLIS.
Les Dionysiaques. (19 vol.).

NUMÉNIUS. (1 vol.).

ORACLES CHALDAÏQUES. (1 vol.).

PAUSANIAS.
Description de la Grèce.
(6 vol. parus).

PHILODÈME DE GADARA.
Sur la musique. Livre IV (2 vol.).

PHOCYLIDE (Pseudo-). (1 vol.).

PHOTIUS.
Bibliothèque. (9 vol.).

PINDARE.
Œuvres complètes. (4 vol.).

PLATON.
Œuvres complètes. (26 vol.).

PLOTIN.
Ennéades. (7 vol.).
Œuvres complètes (1 vol. paru).

PLUTARQUE.
Œuvres morales. (21 vol. parus).
Vies parallèles. (16 vol.).

POLYBE.
Histoires. (12 vol. parus).

PORPHYRE.
De l'abstinence. (3 vol.).
Lettre à Anebon l'Égyptien (1 vol.)
Vie de Pythagore. - Lettre à Marcella.
(1 vol.).

PROCLUS.
Commentaires de Platon.
– Alcibiade. (2 vol.).
– Parménide. (7 vol. parus)
Théologie platonicienne. (6 vol.).
Trois études. (3 vol.).

PROLÉGOMÈNES À LA PHILOSOPHIE DE PLATON. (1 vol.).

QUINTUS DE SMYRNE.
La Suite d'Homère. (3 vol.).

SALOUSTIOS.
Des dieux et du monde. (1 vol.).

SAPHO-ALCÉE.
Fragments. (1 vol.).

SCYMNOS (Pseudo-)
voir GÉOGRAPHES GRECS.

SIMPLICIUS
Commentaire du *Manuel* d'Épictète (1 vol. paru).

SOPHOCLE.
Tragédies. (3 vol.).

SORANOS D'ÉPHÈSE.
Maladies des femmes. (4 vol.).

STRABON.
Géographie. (10 vol. parus).

SYNÉSIOS DE CYRÈNE.
Hymnes. (1 vol.).
Lettres. (2 vol.).
Opuscules. (3 vol.).

THÉOGNIS.
Poèmes élégiaques. (1 vol.).

THÉOPHRASTE.
Caractères. (1 vol.).
Les Causes des phénomènes végétaux (1 vol. paru)
Métaphysique. (1 vol.).
Recherches sur les plantes. (5 vol.).

THUCYDIDE.
Histoire de la guerre du Péloponnèse. (6 vol.).

TRIPHIODORE.
La Prise de Troie. (1 vol.).

XÉNOPHON.
Anabase. (2 vol.).

L'Art de la chasse. (1 vol.).
L'Art équestre. (1 vol.).
Banquet. - Apologie de Socrate. (1 vol.).
Le Commandant de la Cavalerie. (1. vol.).
Cyropédie. (3 vol.).
Économique. (1 vol.).
Helléniques. (2 vol.).
Mémorables (3 vol. parus).

XÉNOPHON D'ÉPHÈSE.
Éphésiaques ou Le Roman d'Habrocomès et d'Anthia. (1 vol.).

ZOSIME.
Histoire nouvelle. (5 vol.).
Tome I. N[lle] éd. (1 vol.).

Série latine

dirigée par
Jean-Louis Ferrary
de l'Institut, directeur d'études à l'École pratique des hautes études (IVe section)
et
Jean-Yves Guillaumin
Professeur à l'Université de Franche-Comté

Règles et recommandations pour les éditions critiques (latin). (1 vol.).

ACCIUS.
Œuvres. Fragments. (1 vol.).

AMBROISE (Saint).
Les Devoirs. (2 vol.).

AMMIEN MARCELLIN.
Histoires. (7 vol.).

L. AMPÉLIUS.
Aide-mémoire. (1 vol.).

L'ANNALISTIQUE ROMAINE.
(3 vol. parus).

APICIUS.
Art culinaire. (1 vol.).

APULÉE.
Apologie. - Florides. (1 vol.).
Métamorphoses. (3 vol.).
Opuscules philosophiques. - Fragments. (1 vol.).

ABRÉGÉ DE LA GRAMMAIRE DE SAINT AUGUSTIN. (1 vol.).

ARNOBE.
Contre les Gentils. (3 vol. parus).

LES ARPENTEURS ROMAINS.
(2 vol. parus).

AUGUSTIN (Saint).
Confessions. (2 vol.).

AULU-GELLE.
Nuits attiques. (4 vol.).

AURÉLIUS VICTOR.
Livre des Césars. (1 vol.).
Abrégé des Césars. (1 vol.).

AVIANUS.
Fables. (1 vol.).

AVIÉNUS.
Aratea. (1 vol.).

BOÈCE.
Institution arithmétique. (1 vol.).

CALPURNIUS SICULUS.
Bucoliques.

CALPURNIUS SICULUS (Pseudo-).
Éloge de Pison. (1 vol.).

CASSIUS FELIX.
De la médecine. (1 vol.).

CATON.
De l'agriculture. (1 vol.).
Les Origines. (1 vol.).

CATULLE.
Poésies. (1 vol.).

CELSE.
De la médecine. (1 vol. paru).

CÉSAR.
Guerre civile. (2 vol.).
Guerre des Gaules. (2 vol.).

CÉSAR (Pseudo-).
Guerre d'Afrique. (1 vol.).
Guerre d'Alexandrie. (1 vol.).
Guerre d'Espagne. (1 vol.).

CETIUS FAVENTINUS.
Abrégé d'architecture privée. (1 vol.).

CICÉRON.
L'Amitié. (1 vol.).
Aratea. (1 vol.).
Brutus. (1 vol.).
Caton l'ancien. De la vieillesse. (1 vol.).
Correspondance. (11 vol.).
De l'invention (1 vol.).
De l'orateur. (3 vol.).
Des termes extrêmes des Biens et des Maux. (2 vol.).
Discours. (22 vol.).
Divisions de l'art oratoire. - Topiques. (1 vol.).
Les Devoirs. (2 vol.).
L'Orateur. (1 vol.).
Les Paradoxes des stoïciens. (1 vol.).
De la république. (2 vol.).
Traité des lois (1 vol.).
Traité du destin. (1 vol.).
Tusculanes. (2 vol.).

CLAUDIEN.
Œuvres. (3 vol. parus).

COLUMELLE.
L'Agriculture, (4 vol. parus).
Les Arbres. (1 vol.).

COMMODIEN.
Instructions.

COMŒDIA TOGATA.
Fragments. (1 vol.).

CORIPPE.
Éloge de l'empereur Justin II. (1 vol.).

CORNÉLIUS NÉPOS.
Œuvres. (1 vol.).

CYPRIEN (Saint).
Correspondance. (2 vol.).

DOSITHÉE.
Grammaire latine. (1 vol.).

DRACONTIUS.
Œuvres. (4 vol.).

ÉLOGE FUNÈBRE D'UNE MATRONE ROMAINE. (1 vol.).

ENNODE DE PAVIE.
Lettres. (2 vol. parus).

L'ETNA. (1 vol.).

EUTROPE.
Abrégé d'Histoire romaine. (1 vol.).

FESTUS.
Abrégé des hauts faits du peuple romain. (1 vol.).

FIRMICUS MATERNUS.
L'Erreur des religions paiennes. (1 vol.).
Mathesis. (3 vol.).

FLORUS.
Œuvres. (2 vol.).

FORTUNAT (Venance). (4 vol.).

FRONTIN.
Les Aqueducs de la ville de Rome. (1 vol.).

GAIUS.
Institutes. (1 vol.).

GARGILIUS MARTIALIS
Les Remèdes tirés des légumes et des fruits. (1 vol.)

GERMANICUS.
Les Phénomènes d'Aratos. (1 vol.).

HISTOIRE AUGUSTE.
(6 vol. parus).

HORACE.
Épîtres. (1 vol.).
Odes et Épodes. (1 vol.).
Satires. (1 vol.).

HYGIN.
L'Astronomie. (1 vol.).

HYGIN (Pseudo-).
Des fortifications du camp. (1 vol.).

JÉRÔME (Saint).
Correspondance. (8 vol.).

JUVÉNAL.
Satires. (1 vol.).

LUCAIN.
Pharsale. (2 vol.).

LUCILIUS.
Satires. (3 vol.).

LUCRÈCE.
De la nature. (2 vol.).

MACROBE.
Commentaire au songe de Scipion. (2 vol.).

MARTIAL.
Épigrammes. (3 vol.).

MARTIANUS CAPELLA.
Les Noces de philologie et Mercure. (4 vol. parus).

MINUCIUS FÉLIX.
Octavius. (1 vol.).

PREMIER MYTHOGRAPHE DU VATICAN. (1 vol.).

NÉMÉSIEN.
Œuvres. (1 vol.).

OROSE.
Histoires (Contre les Païens). (3 vol.).

OVIDE.
Les Amours. (1 vol.).
L'Art d'aimer. (1 vol.).
Contre Ibis. (1 vol.).
Les Fastes. (2 vol.).
Halieutiques. (1 vol.).
Héroïdes. (1 vol.).
Métamorphoses. (3 vol.).
Pontiques. (1 vol.).
Les Remèdes à l'amour. (1 vol.).
Tristes. (1 vol.).

PALLADIUS.
Traité d'agriculture. (2 vol. parus).

PANÉGYRIQUES LATINS.
(3 vol.).

PERSE.
Satires. (1 vol.).

PÉTRONE.
Le Satiricon. (1 vol.).

PHÈDRE.
Fables. (1 vol.).

PHYSIOGNOMONIE (Traité de).
(1 vol.).

PLAUTE.
Théâtre complet. (7 vol.).

PLINE L'ANCIEN.
Histoire naturelle. (37 vol. parus).

PLINE LE JEUNE.
Lettres. (4 vol.).

POMPONIUS MELA.
Chorographie. (1 vol.).

PRIAPÉES. (1 vol.).

PROPERCE.
Élégies. N[lle] éd. (1 vol.).

PRUDENCE. (4 vol.).

QUÉROLUS. (1 vol.).

QUINTE-CURCE.
Histoires. (2 vol.)

QUINTILIEN.
Institution oratoire. (7 vol.).

RES GESTAE DIVI AVGVSTI.
(1 vol.).

RHÉTORIQUE À HÉRENNIUS.
(1 vol.).

RUTILIUS NAMATIANUS.
Sur son retour. N[lle] éd. (1 vol.).

SALLUSTE.
Conjuration de Catilina. Guerre de Jugurtha. Fragments des Histoires. (1 vol.).

SALLUSTE (Pseudo-).
Lettres à César. Invectives. (1 vol.).

SÉNÈQUE.
Apocoloquintose du divin Claude. (1 vol.).
Des bienfaits. (2 vol.).
De la clémence. (N[lle] éd. 1 vol.).
Dialogues. (4 vol.).
Lettres à Lucilius. (5 vol.).
Questions naturelles. (2 vol.).
Théâtre. N[lle] éd. (3 vol.).

SERVIUS.
Commentaire sur l'Énéide de Virgile (1 vol.).

SIDOINE APOLLINAIRE. (3 vol.).

SILIUS ITALICUS.
La Guerre punique. (4 vol.).

STACE.
Achilléide. (1 vol.).
Les Silves. (2 vol.).
Thébaïde. (3 vol.).

SUÉTONE.
Vie des douze Césars. (3 vol.).
Grammairiens et rhéteurs. (1 vol.).

SYMMAQUE.
Lettres. (4 vol.).
Rapports - Discours (1 vol.)

TACITE.
Annales. (4 vol.).
Dialogue des orateurs. (1 vol.).
La Germanie. (1 vol.).
Histoires. (3 vol.).
Vie d'Agricola. (1 vol.).

TÉRENCE.
Comédies. (3 vol.).

TERTULLIEN.
Apologétique. (1 vol.).

TIBULLE.
Élégies. (1 vol.).

TITE-LIVE.
Histoire romaine. (30 vol. parus).

VALÈRE MAXIME.
Faits et dits mémorables. (2 vol.).

VALERIUS FLACCUS.
Argonautiques. (2 vol.).

VARRON.
Économie rurale. (3 vol.).
La Langue latine. (1 vol. paru).

LA VEILLÉE DE VÉNUS
(Pervigilium Veneris). (1. vol.).

VELLEIUS PATERCULUS.
Histoire romaine. (2 vol.).

VICTOR DE VITA.
Histoire de la persécution vandale en Afrique. – La passion des sept martyrs. – Registre des provinces et des cités d'Afrique. (1 vol.).

VIRGILE.
Bucoliques. (1 vol.).
Énéide. (3 vol.).
Géorgiques. (1 vol.).

VITRUVE.
De l'architecture. (10 vol.)

Catalogue détaillé sur demande

Ce volume,
le quatre cent cinquième
de la série latine
de la Collection des Universités de France,
publié aux Éditions Les Belles Lettres,
a été achevé d'imprimer
en novembre 2013
sur les presses
de la Nouvelle Imprimerie Laballery
58500 Clamecy, France

N° d'édition : 7721. N° d'impression : 311085
Dépôt légal : novembre 2013.

Imprimé en France